Dein Augenblick

MADEIRA

MADEIRA

PORTO MONIZ

28

29

Achadas da
Cruz

Ribeira da
Janela

Seixal

Ponta
Delgada

30

Ponta do Pargo

21

São Vicente

Vargem

17

26 27

18

Paul do Mar

M   A   D   E   E

22

Estreito da
Calheta

23   24   25

Serra de Água

Arco da Calheta

Canhas

20

19

Ponta do Sol

Ribeira Brava

16

**CÂMARA DE
LOBOS**

Atlantischer Ozean

Deine 30 Touren auf der Insel der Blumen.

Atlantischer Ozean

Legende

Ponta de São Lourenço

Nicht nur bei Sonnenaufgang hält die Runde zur Ponta de São Lourenço atemberaubende Naturschauspiele bereit. **Seite 28**

Der Küstenweg von Caniçal

Herrliche Blicke auf die Bucht von Machico sind am Ziel der Levadawanderung garantiert. **Seite 34**

Portela – Porto da Cruz

Die alten Verbindungswege haben schon früher Könige zur Küste geleitet. **Seite 52**

Funduras

Wer den Lorbeerwald in seiner ursprünglichsten Form erleben will, der ist auf dieser Route richtig. **Seite 58**

Von Machico zum Boca do Risco

Nicht jedem ist es vergönnt, den Weg durch die senkrecht abfallenden Wände zu gehen und die anschließenden Tiefblicke aufs tosende Meer zu genießen. **Seite 40**

Auf den Adlerfelsen

Wer dem Blick des Adlers folgen will, der muss sich erst durch dichtes Inselgestrüpp kämpfen. **Seite 46**

Die Levada do Caniçal

Ein Klassiker unter den Levadawanderungen. **Seite 64**

Kleine Santo-da-Serra-Runde

Abenteuerliche Runde um einen berühmten Urlaubsort. **Seite 70**

Sítio das Quatro Estradas – Águas Mansas

Mit der Levada da Serra do Fajal durch einen alleenartigen Eukalyptuswald. **Seite 76**

Die Levada da Serra

Durch Obstgärten und Kulturterrassen zu einem bunten Ziel nicht nur für Blumenlieb-haber: Der Botanische Garten in Funchal **Seite 82**

Levada do Rei

Am einsamen Verlauf der „Königs-Levada" genießen wir eine wahre Märchenlandschaft im intensiven Waldgebiet. **Seite 94**

Die Überquerung zum Encumeada-Pass

Diese Route zählt zu den Königstouren im zentralen Gebirgsgrat und wartet mit der Ein-samkeit der Bergwelt Madeiras auf. **Seite 100**

Der Küstenweg nach Sao Jorge
Sanfte Weinhänge wechseln sich mit steilen Abstiegen nach Calhau und einem waghalsigen Fischersteg ab. **Seite 88**

14

Botanischer Garten – Jardim Botânico

Eine der beliebtesten Sehenswürdigkeiten Funchals lädt zu einer Weltreise – in ein exotisches Paradies mit über 2.000 verschiedenen Pflanzenarten. **Seite 108**

15

Stadtrundgang durch Funchal

Die Altstadt von Funchal ist das älteste Viertel der Hauptstadt und heute ein beliebtes Ausgehviertel und Fotomotiv. **Seite 114**

17

Vereda do Chão dos Louros

Die Gegend zählt zu einer der besten auf der Insel, um den ursprünglichen Bewuchs und seltene Pflanzen kennenzulernen. **Seite 126**

18

Levadas am Encumeada-Pass

Die Boca Encumeada bildet den wichtigsten Übergang über die zentrale Gebirgskette von der nördlichen zur südlichen Inselseite. **Seite 132**

Die Levada do Norte West

Am kühnen Aussichtspunkt Cabo Girão fällt der Blick fast senkrecht zum Meer ab. **Seite 120**

Entlang der Levada Nova

In einem bunten Wechsel aus verschiedenen Landschaftstypen führt uns die klassische Levadawanderung zu einem touristisch aufstrebenden Ort. **Seite 138**

Levadas bei Ponta do Sol

Die kühne Levadawanderung ist eine aufregende Möglichkeit, bis zur Quelle der Levada Nova vorzudringen. **Seite 146**

Die Levada do Paúl

Die Levada do Paúl steht im herben Kontrast zu einigen anderen Kanalstrecken der Insel, die durch schroffes, abschüssiges Gelände führen. **Seite 164**

25 Quellen

Das Felsbecken der 25 Quellen gilt als eines der schönsten Wanderziele Madeiras. **Seite 170**

21

Fanal

Am Rand der Hochebene Paúl da Serra liegt die mystische und sanfte Landschaft von Fanal mit ihren uralten Lorbeerbäumen. **Seite 152**

22

Risco-Wasserfall

Vom Lagoa do Vento stürzt aus 100 m Höhe das Wasser eine glatte Wand hinab und kommt erst weitere 100 m unterhalb des Weges wieder zur Ruhe. **Seite 158**

25

Die Levada da Rocha Vermelha

Die Einsamkeit des Weges lockt sonst scheue Tiere aus ihren Verstecken hervor. **Seite 176**

26

Prazeres – Calheta

Da die Levada Nova West immer wieder durch Eukalyptuswälder führt, spricht man auch von der „Eukalyptus-Levada". **Seite 182**

Prazeres – Jardim do Mar

Neben dem alten Ortskern aus engen Gassen und pittoresken Häusern ist Jardim do Mar vor allem bei Badegästen und Sufern bekannt. **Seite 188**

Porto Moniz

Porto Moniz ist seit Langem für seine natürlichen Schwimmbäder und seine reine, wunderschöne Landschaft bekannt. **Seite 194**

Ponta do Pargo

Einsam und ursprünglich geht es noch zu im äußersten Westen Madeiras. **Seite 206**

Achadas da Cruz

Den Auftakt bildet die Bergstation in Achadas da Cruz. Hier fällt ein atemberaubender Tiefblick hinab auf den Schwemmkegel unterhalb des Ortes.
Seite 200

Moderne Seilschaft

Es sind aufstrebende Fotografinnen und Fotografen, die dich gemeinsam mit versierten Bergsteigern an dein Ziel führen. Erfahrung und Tatendrang treffen sich mit der gemeinsamen Sehnsucht nach den beeindruckendsten Augenblicken auf Madeira.

Thomas Kargl

Thomas Kargl ist bei KOMPASS für das Marketing zuständig und hat die neue Reihe „Dein Augenblick" gemeinsam mit Fabian Künzel, Roman Huber und Wolfgang Heitzmann auf die Beine gestellt. „Die Zusammenarbeit mit so begeisterten Kollegen hat mich dazu mo-

Erfahrung zählt, Leidenschaft besteht

tiviert, selbst Bilder von meinen Touren beizusteuern." Sein Tipp: Schieß' Fotos in erster Linie für dich selbst. Momente, die man festhält, sind Momente, an die man sich intensiver erinnert – so sein Zugang zum Fotografieren am Berg. Thomas ist 1987 geboren und kommt eigentlich vom Wellenreiten und vom Windsurfen.

Für „Dein Augenblick" ist Thomas nach Madeira gereist und hat für uns und euch die schönsten Ecken der Insel besucht und abgelichtet. „Madeira steckt voller Überraschungen und ist ein wahres Paradies für Outdoorbegeisterte, Naturverbundene und Fotograf*innen. Die Insel hat mich bestimmt nicht zum letzten Mal gesehen."

Lisa Aigner ist Ethnologin und Diplomjournalistin. Nach ihrer Zeit bei einer Rundfunkanstalt arbeitet sie als freie Autorin unter anderem für den KOMPASS-Verlag.

Auch wenn sie gerne Ziele in der ganzen Welt anstrebt, zieht es sie – als echte Münchnerin – doch immer wieder in die Berge, die direkt vor ihrer Haustüre liegen: So oft es ihre Zeit erlaubt werden

Lisa Aigner

Gipfel in Bayern, Österreich und Südtirol erklommen. Durch ihre Recherchen für den KOMPASS-Verlag über diverse deutsche Mittelgebirge, darunter die Fränkische Schweiz, dem Steigerwald oder der Hohenloher Ebene sind ihr inzwischen auch andere Regionen Deutschlands ans Herz gewachsen.

Im Frühjahr 2022 hat Lisa auch bereits im Zuge der Reihe „Endlich" einen Band zur Destination Madeira verfasst und ist somit Expertin für die schönsten Wanderungen, Strände und Aussichten auf der Insel. „Mein Madeira-Tipp: Einmal den Sonnenuntergang am Aussichtspunkt Cabo Girão zu beobachten. Von der 580 Meter hohen Steilklippe hat man einen einzigartigen Blick über den Atlantik und eine atemberaubende Tiefsicht, denn die Plattform besteht aus Glas. Schwindelfrei sollte man allerdings sein."

Jeder Augenblick wird mit dem Highlight der Tour vorgestellt. Bei der Vorstellung steht neben dem Fotografen der jeweiligen Tour auch sein Kürzel unter dem man ihn auf Instagram findet, so zum Beispiel: **@maxlsbilderbuch**

Die Tourenbeschreibungen stammen auch von **Peter Mertz,** freischaffender Naturfotograf und Buchautor. In seinem technischen Büro „Die Naturwerker" in Innsbruck arbeitet er als freischaffender Biologe. Er hat bisher über 80 Bücher bei deutschen und österreichischen sowei Schweizer Verlagen veröffentlicht.

Wir bedanken uns herzlich bei allen Mitwirkenden!

Deine Verantwortung

KOMPASS will dir mit diesem Wanderführer die Schönheit und Einzigartigkeit der Natur vor Augen führen. Hierfür wurden ganz besondere Orte ausgewählt. Sie gewähren dir einen atemberaubenden Blick auf die einzigartige Komposition aus natürlichen Strukturen und Elementen der jeweiligen Landschaft. Manchmal ist für das Auffinden der perfekten Perspektive ein Extraschritt auf schmalem Steig oder in weglosem Gelände erforderlich. Gerade hier gilt es sich eigenverantwortlich und respektvoll gegenüber der Natur und den Mitmenschen zu verhalten. Die Umwelt zu schützen und den eigenen Fußabdruck minimal zu halten ist Ehrensache.

Einen Moment für die Ewigkeit festzuhalten ist nichts wert, wenn wir die Natur für die Ewigkeit zerstören.

Ehrensache

Respektiere die Natur mit ihrer
Schönheit und ihren Gefahren.

Es zählt das Miteinander. Gegenseitige Hilfe und
Gemeinschaft wiegen mehr als der perfekte Schnappschuss.

Versuche mit öffentlichen Verkehrsmitteln oder mit dem Fahrrad anzureisen.

Gehe kein Risiko ein. Du willst deine Geschichten
schließlich noch erzählen können.

Nimm mehr Müll mit nach Hause, als du mitbringst.
Beteilige dich am Schutz unserer Umwelt.

Hinterlasse keine Spuren. Das Ökosystem
ist fragil und erholt sich nur langsam.

„Plastik, Dosen und Papier,
sind den Bergen keine Zier.
Trägst du sie voller bis hierher,
trägst du sie heimwärts auch nicht schwer."

Deinen Augenblick festhalten

Der Weg zum perfekten Foto – die Tipps vom Profi

Investiere in dich, bevor du in Ausrüstung investierst

Nicht die Kamera, sondern die Person mit der Kamera in der Hand macht das Foto. Ob das Bild also gelingt liegt nicht an der Kamera, sondern viel mehr an dir. Deshalb macht es gerade am Anfang Sinn mehr Zeit und Geld in dich und deine Fähigkeiten zu investieren, bevor du mehrere Tausend Euro in professionelles Kameraequipment steckst. Im Internet findet man zahlreiche kostenlose Videos, mit denen man sich die Grundlagen der Fotografie aneignen kann. Daneben gibt es für ein paar Euros auch Videoworkshops, die einem

neben den Grundlagen der Fotografie auch Wissen zu speziellen Themen, wie zum Beispiel der Landschaftsfotografie vermitteln. Wer lieber abseits von Monitoren und mit viel Praxis lernen möchte, dem empfiehlt es sich einen Workshop bei einem Fotografen zu belegen. Diese sind zwar etwas teurer, aber man wendet das Gelernte in der Praxis an und hat die Möglichkeit, direkt Fragen zu stellen. Es war wohl noch nie so leicht, sich die Grundlagen der Fotografie anzueignen. Es liegt also nun an dir, die für dich beste Methode zu finden. Ein paar Grundlagen und Anregungen deine Augenblicke bestmöglich festzuhalten möchten wir dir aber auch hier im Buch mit auf den Weg geben.

Mit Licht malen

Fotografie bedeutet „Malen mit Licht". Das Licht ist also das bestimmende Medium, mit dem wir arbeiten. Die schönsten Stimmungen zum Fotografieren hat man zum Sonnenaufgang und Sonnenuntergang. Ein oft zitiertes Sprichwort sagt „Zwischen elf und drei hat der Fotograf frei" und beschreibt die Situation eigentlich ganz gut. Die tief stehende Sonne zum Morgen und am Abend sorgt für eine angenehme Lichtstimmung und kann mit einem farbenfrohen Himmel für ganz spezielle Fotos sorgen. Auch die Dämmerung nach Sonnenuntergang oder vor Sonnenaufgang, oft als „Blaue Stunde" bezeichnet, eignet sich noch hervorragend, um stimmungsvolle Fotos zu machen. Sobald die Sonne untergegangen ist packen viele Fotografen schon zusammen und verpassen damit einige fantastische Momente. Um besonders schöne Fotos zu machen versuche also so häufig wie möglich bei Sonnenaufgang und Sonnenuntergang zu fotografieren. Gerade als Anfänger sollte man jedoch auch untertags fotografieren, denn je mehr man fotografiert, desto schneller wird man besser. Mittags lässt sich zum Beispiel auch wunderbar der Bildaufbau üben.

Ein Bildaufbau wie die alten Künstler

Der Bildaufbau, oftmals auch als Komposition bezeichnet, sorgt für einen harmonischen Gesamteindruck des Fotos. Dafür gibt es einige Regeln zu beachten, die nicht erst mit der Fotografie entstanden sind, sondern ihren Ursprung in der Malerei haben. Eine der bekanntesten Regeln ist die „Drittel Regel" oder auch der „Goldene Schnitt". Ein Bild lässt sich mit zwei vertikalen und zwei horizontalen Linien dritteln. Dadurch entstehen neun Rechtecke und vier Schnittpunkte. In den meisten Kameras lassen sich diese Linien (Gitter) zur Hilfe einblenden. Die Drittelregel besagt, dass der Horizont immer auf einer der Linien liegen sollte und wichtige Bildelemente am besten an den Schnittpunkten platziert werden. Dadurch entsteht ein harmonischer Bildaufbau. Natürlich kann diese Regel auch bewusst gebrochen werden, um ein ganz besonderes Foto zu kreieren. Aber zum Anfang sollte man versuchen, sich bewusst an die Regel zu halten.

Das Motiv in Szene setzen

Mit dem richtigen Bildaufbau und dem passenden Licht hast du jetzt bereits zwei Zutaten für ein gelungenes Foto. Was jetzt noch fehlt ist das Motiv. Bevor du den Auslöser drückst, vielleicht sogar bevor du zum Fotografieren aufbrichst, solltest du dir Gedanken machen, was du fotografieren möchtest. Hast du ein Motiv, das du ablichten möchtest? Gibt es eine spezielle Stimmung oder Emotion, die das Foto vermitteln soll? Sei dir im Klaren darüber, was du fotografieren möchtest und plane, wie du dies umsetzen möchtest. Mit einer durchdachten Planung schaffst du es nämlich häufiger zur richtigen Zeit am richtigen Ort zu sein. Ideen für den richtigen Ort und das passende Motiv findest du in diesem Buch ja bereits. Hilfreiche Tools um die richtige Zeit herauszufinden sind Apps wie PhotoPills oder Sun Surveyor. Diese zeigen einem den Sonnenstand zu jedem beliebigen Datum an jedem beliebigen Ort an. Damit lässt sich zum Beispiel herausfinden ob sich eine Location eher zum Sonnenuntergang oder Sonnenaufgang eignet. Wenn du zum Beispiel ein Alpenglühen auf einem bestimmten Berg fotografieren möchtest, dann sollte die Sonne direkt hinter dir bzw. gegenüber dem Gipfel auf- oder untergehen. So wichtig die Planung und Vorbereitung ist solltest du trotzdem immer wieder spontan und ohne Plan raus zum Fotografieren. Dies fördert deine Kreativität und schult dein Auge, um neue Motive in der Natur zu entdecken.

Das Equipment

Die Ausrüstung wird allgemein viel zu sehr überschätzt. Wie bereits anfangs erwähnt ist die Person hinter der Kamera viel wichtiger für ein gelungenes Foto. Trotzdem möchten wir dir hier einige Tipps zur Ausrüstung mitgeben. Im Prinzip kann man mit den Kameras von modernen Smartphones bereits beeindruckende Ergebnisse erzielen. Da das Handy auf einer Wanderung immer dabei sein sollte, hat man damit auch kein zusätzliches Gepäck. Wer sich aber eingehender mit der Fotografie beschäftigen möchte, kommt früher oder später nicht um eine digitale Kamera herum. Seit einigen Jahren machen die spiegellosen Systemkameras den digitalen Spiegelreflexkameras ordentlich Konkurrenz und werden diese in Zukunft wohl ablösen. Die spiegellosen Systemkameras sind um einiges leichter und kompakter als die Modelle mit Spiegel und eignen sich daher auch besser für Wandertouren in den Bergen. Wer sich jetzt mit einem Kamerakauf beschäftigt, sollte sich definitiv mit Systemkameras vertraut machen. Für welche Marke oder welches Modell man sich letztendlich entscheidet, spielt gerade am Anfang keine große Rolle bzw. beruht auf persönlichen Präferenzen. Alle modernen Kameras von namhaften Herstellern bieten eine hervorragende Leistung.

Generell lässt sich sagen, dass die Objektive für die Bildqualität auch wichtiger sind als die Kamera. Sprich die Kombination aus günstiger Kamera und teurem Objektiv wird wahr-

Tele (200 mm) abdecken. Prinzipiell kann man sagen, je größer der Brennweitenbereich ist, desto schlechter ist die Bildqualität. Festbrennweiten haben damit meist die bessere Bildqualität gegenüber einem Zoomobjektiv. Festbrennweiten zeichnen sich außerdem mit einer offenen Blende aus (ausgedrückt durch eine niedrige F-Zahl wie f1.8). Dies ermöglicht einem auch bei wenig Licht (zum Beispiel in der „Blauen Stunde") noch tolle Bilder zu machen. Für einen Anfänger empfiehlt sich der Kauf eines Standardzoomobjektivs zusammen mit einer Festbrennweite. Eine beliebte und günstig erhältliche Festbrennweite ist zum Beispiel ein 50 mm f1.8-Objektiv. Mit dieser Kombination ist man für die meisten Situationen gerüstet. Außerdem stellt man schnell fest ob man häufiger im Weitwinkel fotografiert oder eher im Telebereich und kann dann entsprechend nachrüsten.

„The best camera is the one that's with you"

scheinlich das bessere Ergebnis erzielen als eine teure Kamera mit einem günstigen Objektiv. Deshalb möchten wir hier auch etwas genauer darauf eingehen. Es gibt im Prinzip zwei Arten von Objektiven: Zoomobjektive und Festbrennweiten. Mit Festbrennweiten kannst du nicht zoomen. Sie haben, wie der Name sagt, eine feste Brennweite. Bei Zoomobjektiven kannst du die Brennweite verändern, also den Bildausschnitt durch Zoomen entweder verkleinern oder vergrößern. Dabei gibt es verschiedene Varianten von Zoomobjektiven. Das Weitwinkelzoom hat ungefähr eine Brennweite von 16–35 mm. Beim Standardzoom reicht die Brennweite von ca. 24 bis 70 mm. Das Telezoom bietet Brennweiten von über 70 mm. Dann gibt es noch sogenannte Reisezooms, die einen Brennweitenbereich vom Weitwinkel (24 mm) bis zum

Die Brennweiten beziehen sich hier auf „Full Frame"-Kamerasensoren, wie sie in den Spitzenmodellen vorkommen. Die meisten Modelle haben einen kleineren Sensor. Achtet beim Objektivkauf also auf das „Full Frame/35mm Equivalent" der Brennweite.

Neben der Kamera und dem Objektiv solltest du noch in Ersatzakkus und ausreichend Speicherkarten investieren. Wenn du häufig zu Sonnenauf- oder -untergang unterwegs bist, lohnt sich auch der Kauf einer guten Stirnlampe, damit du auch in der Dämmerung sicher unterwegs bist. Ob sich für dich der Kauf eines Stativs lohnt hängt ganz von deiner Art zu fotografieren ab. Für den Anfang ist es sicherlich noch nicht notwendig.

Moderne Dunkelkammer am Computer

Du weißt jetzt also wie man coole Fotos macht und auf was es bei der Ausrüstung ankommt. Wenn du denkst damit sei alles erledigt, dann täuschst du dich aber. Denn was früher die Filmentwicklung in der Dunkelkammer war, ist heute die die Bildbearbeitung am Rechner. Sie hat einen großen Einfluss auf das Gesamtbild deines Fotos und ermöglicht es dir, einen eigenen Bildlook zu entwickeln. Um deine Fotos am Rechner optimal zu bearbeiten musst du deine Kamera so einstellen, dass sie im RAW-Format fotografiert. Diese Dateien enthalten mehr Bildinformation als das übliche JPEG-Dateiformat. Um diese RAW-Fotos anzuschauen und zu bearbeiten brauchst du dann noch eine entsprechende Software. Hier gibt es mittlerweile einige verschiedene Anbieter am Markt. Sie alle liefern vergleichbare Ergebnisse und es kommt mal wieder auf deine persönliche Präferenz an. Wer sich mit der Bildbearbeitung noch nicht auskennt und mehr lernen möchte, tut sich mit dem Branchenprimus Adobe Lightroom wohl am leichtesten. Hierzu findet man im Internet die meisten Tutorials und Workshops. An dieser Stelle können wir nicht detaillierter auf die Bildbearbeitung eingehen, doch möchten wir dir noch einen Tipp mit auf den Weg geben: Weniger ist mehr! Gerade am Anfang ist man begeistert welche Möglichkeiten einem die digitale Bildbearbeitung ermöglicht und ist versucht, diese bis an ihre Grenzen auszureizen. Das sieht man den Fotos dann auch gerne an und das Ergebnis ist alles andere als ein natürlicher Bildlook. Denke daran, dass die Bildbearbeitung dir helfen kann aus einem guten Foto ein ausgezeichnetes Foto zu machen. Was sie nicht kann ist, aus einem schlechten Foto ein gutes Foto zu machen.

Diese Tipps stammen vom Outdoor-Fotografen Fabian Künzel **@fabian_kuenzel**, welcher leider 2020 viel zu früh verstarb. Als Augenblick-Fotograf der ersten Stunde bleibt Fabian mit seinen Bildern und Texten ein wichtiger Teil unserer Seilschaft. **#gooutsideforfabi**

Dein Madeira

Landschaft, Geschichte, Infos

Heftigen Lavaausbrüchen vor mehr als zwanzig Millionen Jahren haben wir es zu verdanken, dass wir heute auf dieser schönen Insel wandern dürfen. Die Ausbrüche am Grund des Atlantiks führten zum allmählichen Aufbau eines enormen Vulkans – aus seiner Spitze ging die Insel hervor.

Madeira kann grob in drei Regionen unterteilt werden: Im Zentralmassiv liegen die höchsten Berge wie der Pico Ruivo, der Pico Arieiro oder der Pico Grande. Im Westen erstreckt sich die Hochebene Paúl da Serra und der Osten endet mit

Ökosystem der Insel und die bedrohten Tier- und Pflanzenarten zu schützen. Er umfasst gut Zweidrittel der Insel.

Eine wunderschöne Besonderheit ist Madeiras Lorbeerwald oder Laurazeenwald. Er ist ebenfalls ein Naturreservat und seit 1999 Weltnaturerbe der UNESCO. Er nimmt circa 22.000 Hektar Fläche ein. Diese Wälder sind vorzügliche Wasserspeicher und schützen den Boden vor Erosion. In der Frühzeit war der Madeira-Lorbeerwald in Europa weit verbreitet, die Eiszeit setzte dem jedoch

Madeira – mein Frühlingstraum im Winter

Der deutsche Kulturpolitiker August Everding über Madeira.

der Landspitze São Lourenço, das 1982 zum Naturreservat erklärt wurde. Die Vegetation ist hier wüstenartig. Hohe, unwirtliche Felsen ragen rötlich aus dem Meer heraus. Daneben gibt es noch einige andere Naturreservate, wie das maritime Teilschutzgebiet Garajau: Dank der Schutzmaßnahmen gibt es hier wieder unzählige Fischschwärme und auch die großen Meeressäuger sind zurückgekehrt. Beinahe allumfassend ist der Naturpark Madeira: Er wurde ebenfalls 1982 gegründet um das empfindliche

ein jähes Ende. Anfang des 15. Jahrhunderts war fast ein Großteil der Insel noch bewaldet. Portugiesische Siedler opferten jedoch große Teile des Waldes, um die Zuckersiedereien anzuheizen oder Schiffe für die madeirensische Zuckerflotte zu bauen. Der noch vorhandene Wald bietet vielen bedrohten Tier- und Pflanzenarten Schutz.

Eine Rarität ist der Madeira-Sturmvogel. Er nistet in den einsamen Bergregionen zwischen Ruivo und Arieiro.

Dein Augenblick

Tourenbeschreibungen

1 Von der Abrabucht über den Pico do Furado

Steil abfallende, raue Felswände. Karge, sonnen-verbrannte Flächen. Keine Schatten spendenden Bäume. Unwirtlich erscheint das Areal rund um die Ponta de São Lourenço. Und doch bietet sie uns atemberaubende und unvergessliche Eindrücke.

Bilder von: Thomas Kargl @maxlsbilderbuch

Ponta de São Lourenço

Tourencharakter
Wir wandern durchgehend auf teils befestigten und trassierten Fels- und Schotterwegen. Abschüssige Passagen sind zwar mit Seilgeländern versichert, doch Trittsicherheit ist hier von Vorteil. Die Route ist schattenlos, also Wasser nicht vergessen!

Start und Ziel
Unser Ausgangspunkt ist die Abrabucht. Am Ende der ER109 befindet sich ein Parkplatz. Von Santa Cruz fährt mehrmals täglich ein Bus der Linie 113 bis Baia de Abra. Die Fahrzeit beträgt eineinhalb Stunden.

Schwierigkeit: **mittel**
Dauer: **2:45h**
Länge: **7,2 km**
Aufstieg **310 hm**
Abstieg **310 hm**

Höhenlinienmodell mit Streckenverlauf

Höhenprofil

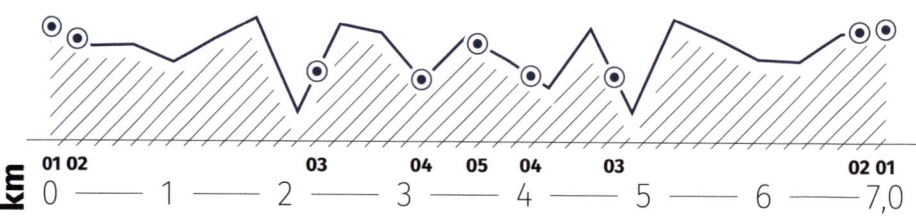

Die Wanderung zur Ponta de São Lourenço bietet einen herben Kontrast zur saftig grünen, dichten Vegetation der Hauptinsel. Um die seltene Flora zu erhalten wurde die gesamte Halbinsel als Naturschutzgebiet ausgewiesen.

▶ Vom Parkplatz am Ende der ER109 an der Abrabucht **01** folgen wir Pfeil und Hinweistafel auf einem breiten Schotterweg über Steinstufen abwärts. Ein Holzsteg bringt uns über einen Graben **02**, und über eben solche steigen wir wieder bergan. Auf einem breiten Weg wandern wir durch den süd-exponierten Rücken des 163 m hohen Piedras Brancas. An einer Steinmauer wenden wir uns nach links, bis wir einen Sattel samt Weggabelung erreichen. Links abbiegend

folgen wir einem Seitenpfad zu einem Aussichtspunkt mit Blick auf die Gesteinstürme der Nordküste 📷. Rechter Hand zweigt der Pfad hinab zu einem südseitigen Strand.

Der drahtseilgesicherte Pfad, teils mit Stufen versetzt, führt uns sicher durch das felsige Gelände auf einen Sattel. In mehreren Auf- und Abstiegen erreichen wir eine Einsattelung. Der Weiterweg bringt uns dann nochmals in einem Auf und Ab an einen Hangrücken mit Steinmauern. Hier beginnt ein teils ins Lavagestein eingeschnittener Weg Richtung Engstelle (Estreito) **03**. Über einige Treppen kommen wir zum gut gesicherten Grat. Hinter einem felsigen Rücken gelangen wir zu einem weiteren Aussichtspunkt, dann stehen wir am oberen Rand

einer wiesenartigen Senke mit einem alten Bauernhaus.

Bei einer Infotafel bleiben wir links oberhalb der Senke, bis wir den nächsten Aussichtspunkt erreicht haben. Ein mit Steinen begrenzter Pfad bringt uns durch die sensible Landschaft in Richtung Casa do Sardinha **04**. Wie eine Oase, umringt von Palmen, liegt es in der kargen Senke. Schattige Picknickbänke laden hier zur Rast ein. Hinter dem Haus befindet sich der gut ausgebaute Anstiegsweg zum Pico de Furado: Er besteht aus schier endlosen Holz- und Steinstufen. Auf dem Gipfel **05** bietet sich ein wunderbarer Rundumblick auf das gesamte Kap samt Inseln. Weit vor der Küste erkennt

man die unbesiedelten Ilhas Desertas, die seit 1990 unter Naturschutz stehen. An klaren Tagen reicht der Blick bis zur Nachbarinsel Porto Santo, die man mit Fährbooten von Funchal aus erreichen kann.

Über den Aufstiegsweg gelangen wir zurück zur Casa do Sardinha **04**. Der Rückweg führt uns über den nach Westen ausgehenden, gepflasterten Weg zur Südseite des Kaps. Eine Holzhütte für Vogelbeobachtungen sowie ein Picknickplatz laden hier zu einer Rast ein. An alten Steinmauern vorbei steigen wir zu einer Weggabelung samt Infotafel auf. Linker Hand führt die bereits bekannte Route zum Ausgangspunkt zurück.

Ilhéu do Guincho

Ponta do Castelo

Calhau dos Barreiros

Ponta do Rosto

Pedras Brancas

163

Estreito

Ponta de São Lourenço

E.R.109

P

Sra. da Piedade

01 02

Porta da Abra

03

Ponta

Rochinha

Ponta do Buraco

04

Casa do Sardinha

Franca Industrial

eia

Ponta das Gaivotas

05

Ponta do Furado

Boqueirão

Ilhéu da Cevada

Desembarcadouro

São Lourenço

Farol de
São Lourenço

Ilhéu do Farol

Cais

2 Hirtenpfade an der Südostküste

Auf dieser Tour bietet sich ein herrlicher Blick über das Machico-Tal, die Gipfel des zentralen Teils der Insel, die Desertas-Inseln und Ponta de São Lourenço.

Bilder von: **Thomas Kargl @maxlsbilderbuch**

Der Küstenweg von Caniçal

Tourencharakter
Mittelschwere Wanderung in baumlosem Gelände. Teils verwachsene, schmale und steinige Wege. Der Schlussspurt verläuft über die asphaltierte Zufahrt zum Pico do Facho.

Start und Ziel
Hauptplatz von Caniçal, direkt neben der Bushaltestelle und dem Taxistand. Der Bus der Linie 113 fährt aus Funchal und allen Orten der Ostküste.

Schwierigkeit: **mittel**
Dauer: **2:45h**
Länge: **5,5 km**
Aufstieg **320 hm**
Abstieg **80 hm**

Höhenlinienmodell mit Streckenverlauf

Höhenprofil

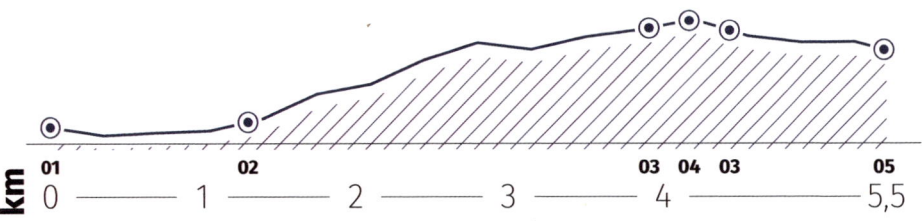

Heute wandern wir auf einem historischen Verbindungsweg, der entlang der rauen Südküste zum wunderschönen Aussichtspunkt Pico de Facho führt. Zeit bleibt dabei noch genug für eine Besichtigung des sehr zu empfehlenden Walmuseums in Caniçal. Für die Begehung lediglich der einfachen Strecke bietet sich die Möglichkeit, von Machico mit dem Bus zurückzufahren.

▶ Wir starten am östlichsten Ort Madeiras direkt am Hauptplatz **01**. Bei der Bushaltestelle wenden wir uns dem Meer zu und schwenken dann nach rechts in die Küstenstraße. Nach dem Schwimmbad und dem Restaurant Aquarium gelangen wir sogleich zum Walmuseum, an dem wir linker Hand die Straße hinunterwandern. Um eine eingezäunte Plantage herum halten wir uns bei der nächstne Kreuzung rechts. Ein paar Schilder weisen uns den Weg Richtung Praia Ribeira de Natal und Campo de Futebol.

Hinter dem Fußballstadion führt der Weg westseitig hinab, über einen Parkplatz und schließlich bis an eine asphaltierte Straße, an der wir rechts einbiegen. Ein schöner, alter Saumpfad zweigt bereits in der nächsten Serpentine nach rechts ab. Hinter der Steinbogenbrücke **02** setzt er sich nach links fort und leitet uns ins raue, felsige Küstengelände. Auf Hirtenpfaden wandern wir im Zickzackkurs über einen felsdurchsetzten Hang. Hinter dem Hangeinschnitt geht es luftig und ein wenig ausgesetzt durch den kargen Steilhang. Schon wartet hinter einer Kante ein weiterer, noch tiefer eingeschnittener Hangeinschnitt auf uns. Danach überqueren wir einen Felsrücken, dessen Kamm von wenigen Bäumen geziert wird. Der nächste Einschnitt ist dann schon etwas sanfter und durchsetzt mit alten Kulturterrassen. Um den Kessel herum geht es auf einen Strommast **03** zu. Er wird oberhalb des Hanges umgangen. Bald mündet der Saumpfad in einen Feldweg, der uns nach

wenigen Hundert Metern auf die schmale, asphaltierte Zufahrtsstraße zum Pico do Facho **04**  bringt.

Nach links haben wir die Möglichkeit, in nur wenigen Minuten zum ehemaligen Wachposten aufzusteigen. Er wurde zum

Schutz vor Piratenüberfällen geschaffen und ist heute ein hervorragender Aussichtspunkt. Die Asphaltstraße bringt uns durch altes Kulturland gut 1,1 km zurück zur Einsattelung. Dann stehen wir am Westportal des alten Caniçal-Tunnels **05** gegenüber dem Wasserhaus.

3 Über den Boca do Risco in einen einsamen Küstenort

Eine der atemberaubendsten Touren Madeiras. Ein abenteuerlicher Küstensteig begeistert uns mit einzigartigen Tiefblicken auf das tosende Meer.

Bilder von: **Thomas Kargl @maxlsbilderbuch**

Von Machico zum Boca do Risco

Tourencharakter
Aus dem Tal von Machico wandern wir durch die landwirtschaftlich genutzten Flächen über den Pass „Boca do Risco". Dann steigen wir über einen in senkrechten Fels gehauenen Weg empor. Absolute Schwindelfreiheit und Trittsicherheit ist unabdingbare Voraussetzung!

Start und Ziel
Bushaltestelle Pico do Facho vor dem Caniçal-Tunnel. Anreise mit dem Bus der Linie 113 Richtung Ponta de São Lourenço. Die Rückfahrt empfiehlt sich mit dem Taxi. Mit dem Auto nehmen wir aus Süden kommend am besten die VR1.

Schwierigkeit: **schwer**
Dauer: **4:30h**
Länge: **11,9 km**
Aufstieg **230 hm**
Abstieg **450 hm**

Höhenlinienmodell mit Streckenverlauf

Höhenprofil

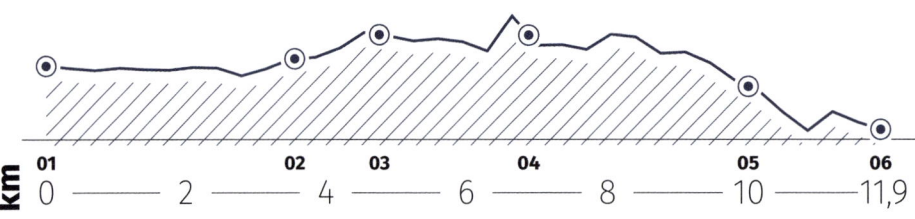

Der Weg auf den Sattel Boca do Risco über den Taleinschnitt Ribeira Seca ist eine schöne Alternative neben der bekannten Wanderung rund um das nördliche Talbecken von Machico. Dabei werden wir ganz neuer Eindrücke auf die wildreiche Steilküste an der Nordostseite Madeiras gewahr.

▶ Unsere einzigartige Wanderung beginnt an der Bushaltestelle Pico do Facho vor dem Caniçal-Tunnel **01**. Auf der gegenüberliegenden Straßenseite beginnt die Levada do Caniçal. Sie bringt uns über den Ort Machico hinauf und führt ins Tal der Ribeira Seca. Hier stoßen wir auf einen von links kommenden Weg und erreichen eine Abzweigung **02** nach rechts. Wir verlassen

den Wasserlauf und folgen dem Weg nach rechts hinauf. Durch Wiesen und gepflasterte Wege steigen wir entlang der Holzmasten einer Stromleitung auf. Vorbei an einer Steinmauer und Wellblechhäuschen erreichen wir links die markante Anhöhe der Boca do Risco **03** 📷. Die Szenerie wechselt abrupt: Senkrechte Wände und die atemberaubende Landschaft flößen uns Respekt ein. Der Platz eignet sich auch gut für eine Rast.

Nur bergerfahrene und schwindelfreie Wanderer sollten sich nun weiterwagen. Der Pfad führt erst westwärts, dann leicht terrassiert. Dabei passieren wir zweimal die Gatter einer Ziegenweide. Eine Viertelstunde später begehen wir die schmale, schottrige Trasse in den steil zum Meer abfallenden Felswänden. Die alten Drahtseile bieten hier nicht wirklich Schutz vor einem Absturz.

Nach zwanzig Minuten Nervenkitzel gelangen wir zu einem Felsvorsprung mit Vermessungspunkt, der Ponta do Espigão Amarelo **04**. Der markante Platz lässt uns auch hier ein wenig verweilen. Das Landschaftsbild verändert sich allmählich, vor uns rückt der Adlerfelsen ins Blickfeld. Schließlich erreichen wir einen Akazien- und Eukalyptuswald. Bei den alten Kulturterrassen wandern wir dann über eine Erdstraße weiter. Die Route wendet sich nach einer Transportseilbahn von der Küste ab Richtung Landesinnere. Durch Feldterrassen hindurch erreichen wir die ersten Häuser und laufen bald auf der Dorfstraße nach Larano **05**.

Bei einer Bar führt ein steiler Treppenweg nach rechts und kürzt eine Kehre ab. Wir überqueren ein asphaltiertes Sträßchen und erreichen den Strand Praia do Larano. Nach seiner Überquerung im hinteren Abschnitt im Bereich des Bachbettes steigen wir eine Erdstraße hinauf. Hinter der alten Zuckerfabrik durchqueren wir ein altes Eisentor und stehen schon im Porto da Cruz **06** oberhalb der Kirche. Das charmante Dorf lädt zum Schlendern und Flanieren ein. Zudem gibt es ein tolles Piscinas Municipais, ein Meeresschwimmbecken. Der Taxistand befindet sich am südwestlichen Ende, die Bushaltestelle liegt direkt an der Hauptstraße neben dem Postamt.

4 Auf den Spuren des Adlers

Mehr als nur ein Spaziergang ist der kurze, aber doch anspruchsvolle Anstieg zum Kamm des Penha de Águia. Doch nicht umsonst trägt er diesen Namen: Solche Blicke auf Bergrücken und Dörfer sind sonst wohl nur Adlern vergönnt.

Bilder von: **Thomas Kargl @maxlsbilderbuch**

Auf den Adlerfelsen

Tourencharakter
Eine kurze, doch technisch anspruchsvolle Wanderung, die durch dicht bewachsenes Terrain führt. Mancherorts sind die Steigspuren schwer auszumachen. Keine ausgesetzten Abschnitte, aber dennoch ist Trittsicherheit Voraussetzung.

Start und Ziel
Penha de Águia. Von Funchal über die ER 101 nach Machico und weiter nach Porto da Cruz, ab hier Richtung Faial. In einer markanten Rechtskurve zweigt die Nebenstraße ab.

Schwierigkeit: **schwer**
Dauer: **2:15h**
Länge: **3,7 km**
Aufstieg **440 hm**
Abstieg **440 hm**

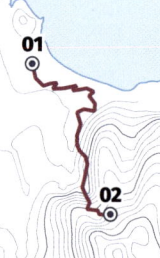

Höhenlinienmodell mit Streckenverlauf

Höhenprofil

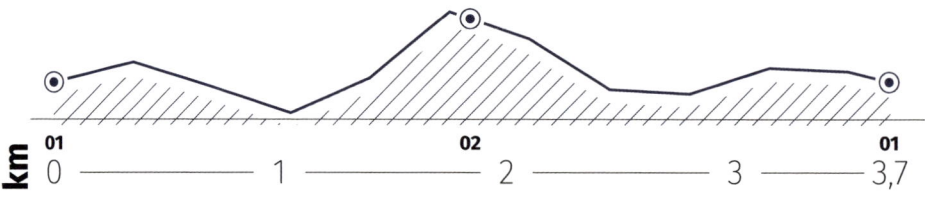

Oberhalb der Orte Faial und Porto da Cruz ragt markant der Adlerfelsen hervor. Knapp 600 Meter thront er an der Nordwestküste von Madeira über dem Meer und wirkt aus der Ferne wie ein Tafelberg. Er erscheint auf den ersten Blick wie eine uneinnehmbare Bastion, brechen doch seine Felswände nach allen Seiten steil ab. Über die Nordwestflanke kann er bezwungen werden. Der Weg ist kurz, aber anstrengend und erwartet uns mit teils unangenehm dichter Flora.

▶ Von Penha de Águia **01**, 150 Meter über dem Meer, beginnt der Aufstieg auf den höchsten Punkt. Oft ist es feucht, dann verwandelt sich der Pfad in eine Rutschpartie. Im Ort starten wir von der Bar Galé, die an einer Nebenstraße der ER 101 liegt. Der Wegweiser „Veredada da Penha de Águia"

leitet uns über den Betonweg gleich rechts neben der Bar Richtung Osten. Wir wandern sanft durch die Weinhänge empor. Hinter der Hütte mit dem roten Wellblechdach halten wir uns links. Ein Pfad bringt uns durch die Kulturterrassen bis zum letzten Haus des Ortes. Jetzt wird es langsam steil und beschwerlich auf dem Weg nach Nordosten über den felsigen Hang empor.

Nach einer Felsrampe und aufgelassenen Weinterrassen strebt der steile Pfad im Zickzack hinauf. Üppiges Gebüsch von Brombeeren, Eukalyptus und Akazien erschwert den Anstieg. Wir gewinnen nun schnell an Höhe, dann lichtet sich das Gestrüpp ein wenig. Adlerfarn wedelt uns nun immer wieder ins Gesicht. Nach insgesamt einer halben Stunde halten wir uns an einer Abzweigung rechts und erreichen wenig später den Nordgrat des Felsens ⬤. Hier passieren wir den kaum wahrnehmbaren Westgipfel und kämpfen uns durch dichtes Farngebüsch weiter voran. Ab und an erhaschen wir schon einen Tiefblick auf

Faial. Wir kommen nur langsam voran. Umso überraschender stehen wir nach gut 75 Minuten auf dem Gipfel des Adlerfelsens **02**. Die kleine Lichtung gibt erst im letzten Moment den Blick auf die Bergrücken und Dörfer der Nordostküste frei. Bei gutem Wetter schweift der Blick bis zum Sattel von Portela. Unter uns schiebt sich ein halbkreisförmiger Schuttkegel ins Meer. Er entstand nach einigen Unwettern 1992 durch die darauffolgende Erosion. Diese Phänomen wird Fajã genannt und ist typisch für Madeira. Diese ebenen Flächen werden vor allem für den Ackerbau verwendet.

Für eine unverstellte Rundumsicht steigen wir nochmals gut 100 m nach Südosten an der Abbruchkante entlang hinauf. Nun wird auch das Kap von Ponat de São Lourenço sichtbar. Die Aufstiegsroute bringt uns nach einer genussreichen Gipfelpause auch wieder hinunter. Für den Abstieg zum Ausgangspunkt Penha de Águia **01** müssen wir gut eine Stunde einplanen.

Quebrada Grande
Teleférico
da Rocha do Navio
Ilhéu da Viúva ou da Rocha do Navio
Ponta de Catarina Pires
Cortado
529
Ponta do Clérigo
Casas de Colmo
Hotel o Colmo
Achada de
Sto. António
Lombo do Clérigo
o do Curral
VE1
Fajã do Mar
asas Típicas
de Santana
Feiteira do Nuno
Miradouro do
Cortado
Miradouro do Guindaste
Praia do Faial
Miradouro Sra. do
Bom Caminho
Feiteira de Cima
Garajôa
E.R.213
Kartódromo do Faial
Faial
637
Bar Gale
07
Penha de Águia
de Baixo
VE1
Corujeira de
Cima
Corujeira de
Baixo
Lombo de
Baixo
436
Penha de Águia
(Adlerfelsen)
02
590
565
o do Galego
Lombo de
Cima
E.R.108
Cais
Porto da Cruz
São Roque do Faial
Maçapez
Praia do Larano
Galego
Terra do Batista
Achada
ã da Murta
Cruzinhas
494
Larano
E.R.103
Maiada
Fajã Grande
de Baixo
E.R.217
Cabeço do Rochão
543
Ribeira Tem-te
Não Caias
VE1
Serrado
ruzinhas
Referta
Cruz da Guarda
Fajã Grande
de Cima
E.R.108
Folhadal
1 : 50 000
Pedreiro
713
Fajã do
Cedro Gordo
Miradouro da
Portela
VE1
Achada do
Pau Bastião
622
Portela
Cabeço do Cura

5 Auf Königswegen zur Küste

Ob alter Saumpfad oder kunstvolles Steinpflaster: Madeira hat vielerlei Arten von Wegen zu bieten. Es sind oft Überbleibsel eines riesigen Netzes von alten Verbindungswegen, die früher die gesamte Insel durchzogen haben.

Bilder von: Thomas Kargl @maxlsbilderbuch

Portela – Porto da Cruz

Tourencharakter
Kurze Wanderung auf alten Pflasterwegen sowie Dorf- und Asphaltstraßen. Der Schotter macht die Pfade teilweise etwas rutschig. Uns erwarten kaum Gegenanstiege, aber eine üppige Vegetation auf dem alten Verbindungsweg.

Start und Ziel
Portela, am Portelapass. Über die ER102 oder die ER108 an der Küste entlang. Der Bus Nr. 53 fährt in 1 ¼ Stunden von Funchal nach Portela. Von Porto da Cruz kann man mit derselben Linie nach Portela oder Funchal zurückfahren.

Schwierigkeit: **mittel**
Dauer: **2:15h**
Länge: **4,5 km**
Aufstieg **40 hm**
Abstieg **620 hm**

Höhenlinienmodell mit Streckenverlauf

Höhenprofil

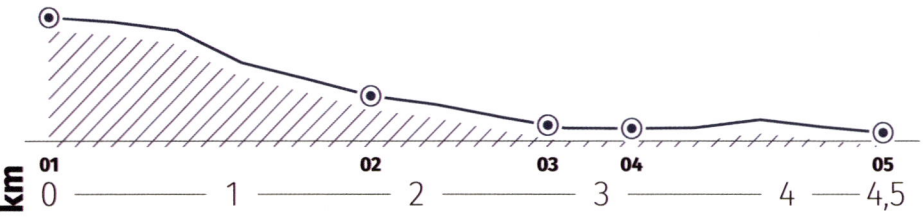

Der klassische Saumpfad, der uns von Portela hinab nach Porto da Cruz begleitet, ist kunstvoll mit flachen Steinen gepflastert und hält eine vielfältige Flora bereit. Von den mit Hand angelegten Pfaden sind heute jedoch nur noch einige wenige Bruchstücke vorhanden.

▶ Vom Weiler am Portelapass **01** halten wir uns zunächst rechts zum Restaurant Miradouro de Portela. Dann folgen wir der asphaltierten Straße nach links. Sie mündet nur wenig später in einen Schotterweg. Eine Hinweistafel und das Schild „Caminho Municipal Portela-Cruz de Garda" schicken uns auf der Höhe des Gasthauses auf einen schmalen Pfad, der einem bewaldeten Hangrücken folgt. Bald gelangen wir zum Beginn des kunstvollen Steinpflasters;

es schützt den teilweise sehr steilen Weg vor Erosionen. Allerdings gibt es dennoch manchmal noch ein paar rutschige Passagen, die ein wenig Trittsicherheit abverlangen. Der Weg leitet uns den dicht bewachsenen Hang hinunter. Wir folgen ein paar Serpentinen, die von Feldterrassen gesäumt werden und erreichen nach gut eineinhalb Kilometern eine Steintreppe. Sie bringt uns in den kleinen Weiler Cruz da Guarda **02** hinab.

Es geht an den Häusern vorbei auf eine Straßenkreuzung zu; hier biegen wir bei einem abgehenden Weg mit einer spitzen Kurve nach links ab. Dabei werden wir von einer kleinen Levada, einem künstlichen Wasserlauf, begleitet. In mehreren Kurven schlängelt sich die schmale Straße durch

die teilweise üppig bewachsene Landschaft bis nach Folhadal. An der Kreuzung nach der Kapelle biegen wir rechts ein. Der Taleinschnitt der Ribeira de Volta führt uns nun weiter abwärts. Hier stoßen wir wieder auf den Verlauf des alten Pflasterweges, der zu unserer Überraschung auch noch mittels einer alten Steinbogenbrücke einen Bachlauf überquert. Dieses schöne Wegstück ist jedoch nur kurz, denn schon bald wandern wir wieder auf einer asphaltierten Straße, die uns zu einer Weggabelung bringt.

An dieser Gabelung wenden wir uns nach rechts in den Caminho Caetano Soares **03**.

Er führt nun stetig, teilweise steil, hinab durch den Ortsteil Serrado. Wir passieren bald mehrere Bauernhäuser und Fincas. Einen von rechts zu uns stoßenden Weg relativ knapp an der Küste ignorieren wir, um auf der Straße weiter nach links zu wandern. Am Hügelkamm **04** beim Gebäude der Associação Grupo Cultural Flores de Maio angekommen schneiden wir eine Straßenkurve ab **◉**, indem wir nach links über einen Feldweg einbiegen. An der folgenden Kreuzung bleiben wir geradeaus. Die Straße führt uns geradewegs zum Hauptplatz von Porta da Cruz **05**, an deren Pfarrkirche wir die Tour beenden.

Faial

Porto da Cruz

o Roque do Faial

Ribeira de Machico

Santo António da Serra

Pico da Coroa

57

6 Walderlebnis über den Caminho para Todos

„Ein Weg für alle" – nach diesem Motto soll für alle Wanderer der Weg in die Lorbeerwäder Madeiras zugänglich gemacht werden. Breit angelegt tauchen sie in die Wälder ein und bieten so jedem Besucher das Erlebnis des UNESCO Welterbes.

Bilder von: **Thomas Kargl @maxlsbilderbuch**

Funduras

Tourencharakter
Einfache Forstwege, die als „Wege für alle" – Caminho para Todos – ausgewiesen sind. Stolper- und Rutschgefahr nach stärkeren Regenfällen. Es gibt viele abgehende Seitenwege, die die Orientierung erschweren.

Start und Ziel
Portelapass. Mit dem PKW die ER102 oder die ER108 an der Küste entlang. Bus Nr. 53 fährt in 1:10 von Funchal nach Portela. Bushaltestelle direkt an der Passhöhe.

Schwierigkeit: **leicht**
Dauer: **6:00h**
Länge: **12,3 km**
Aufstieg **350 hm**
Abstieg **350 hm**

Höhenlinienmodell mit Streckenverlauf

Höhenprofil

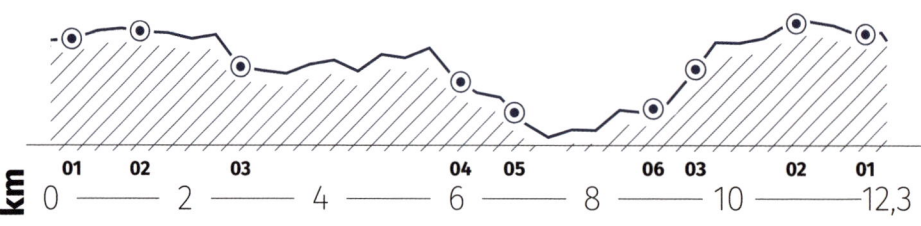

Das weit verzweigte Wegenetz im Naturpark Funduras lädt zu schönen Tages- und Halbtagestouren ein. Auf dieser Runde erwarten uns dabei das Forsthaus Funduras sowie herrliche Aussichtspunkte und schön gelegene Picknickplätze. Der Zugang vom Portelapass führt über eine Forststraße erst eben, dann abwärts zum Beginn der Wanderrunde.

▶ Von der Gaststätte am Portelapass **01** führt links ein Weg vorbei. Er mündet schnell in einen Forstweg, der mit Schranken versperrt ist. Hier bewegen wir uns direkt auf Vulkangestein. Es bildet die Basis für den ursprünglichen Lorbeerwald, der im Gebiet rund um Funduras noch gut erhalten ist. Wir wandern über einen Kammrücken begleitet von einer kleinen Levada, die kurz in einem Tunnel **02** verschwindet. Lichtungen und dichter Lorbeerwald wechseln sich ab **◯**; dann schwenkt die Forststraße nach Süden. Nach einem Hangrü-

cken gelangen wir am Sattel Cabeço da Lapa **03** zu einer Weggabelung.

Wir halten uns links und wandern einige Zeit beinahe eben durch den Wald. Der Weg schlängelt sich durch kleinere und größere Taleinschnitte. An einer Spitzkehre erwartet uns eine Infotafel. Von hier aus führt ein gut ausgebauter Steig in den Lorbeerwald. Er windet sich durch das herrliche Waldgebiet, begleitet von dichten Farnstauden und verschiedenen, krautartigen Pflanzen. Wir wandern durch Taleinschnitte mit Gegenanstiegen bis zum Forsthaus Casas de Funduras **04**. Es liegt in herrlicher, aussichtsreicher Lage und lädt mit Bänken und Feuerstelle zur Rast ein. Ein nach Westen führender Weg mit gelb-roter Markierung bringt uns in einem insgesamt 30-minütigem Abstecher zum Aussichtspunkt Miraduoro do Larano. Der herrliche Platz lockt mit Picknickbänken und herrlicher Aussicht.

Nach einer Rast beim Forsthaus brechen wir wieder auf. Zurück auf der Zufahrtsstraße zur Hauptroute wenden wir uns nach links. Es geht nun in den unteren Taleinschnitt der Ribeira des Cales. Über eine Steinbrücke queren wir den Bachgraben **05**. Im Anstieg umrunden wir einen Hangrücken hinein in die nächste Talung. Zweimal noch queren wir den Bach, dann erreichen wir eine T-Kreuzung und wir nehmen den Forstweg nach links Richtung Ribeira de Machico. Geradeaus aufwärts führt uns nun

der Weg zurück zur Abzweigung **06** Richtung Portelapass. Immer wieder kommen wir an vegetationslosen Stellen am Wegrand vorbei. Das verschafft uns einen guten Überblick über das weitläufige Gebiet des Lorbeerwaldes.

Wir passieren mehrere, kleine Taleinschnitte und schließen den Kreis bei der Kreuzung am Cabeço da Lapa **03**. Nach links wandern wir auf dem bereits bekannten Wegstück zum Portelapass **01** zurück.

7 Malerisches Dorfambiente

Über neu restaurierte Pfade und Wege durchstreift die Levada do Caniçal ein Gebiet von Taleinschnitten und Kulturterrassen. Die stetige Nähe zu den Dörfern gibt interessante Einblicke in das dörfliche Leben.

Bilder von: Thomas Kargl @maxlsbilderbuch

Die Levada do Caniçal

Tourencharakter
Klassische und einfache Levadawanderung. Der Levadaweg wurde im April 2011 restauriert. Er führt größtenteils durch Kulturlandschaft und an Feldterrassen entlang.

Start und Ziel
Bar A Calçadinha in Maroços. Mit dem Auto über die VR1 und Machico Norte gut zu erreichen. Mehrmals täglich von Funchal mit dem Bus Nr. 103 zum Estação de Machico.

Schwierigkeit: **leicht**
Dauer: **3:45 h**
Länge: **11,8 km**
Aufstieg **100 hm**
Abstieg **100 hm**

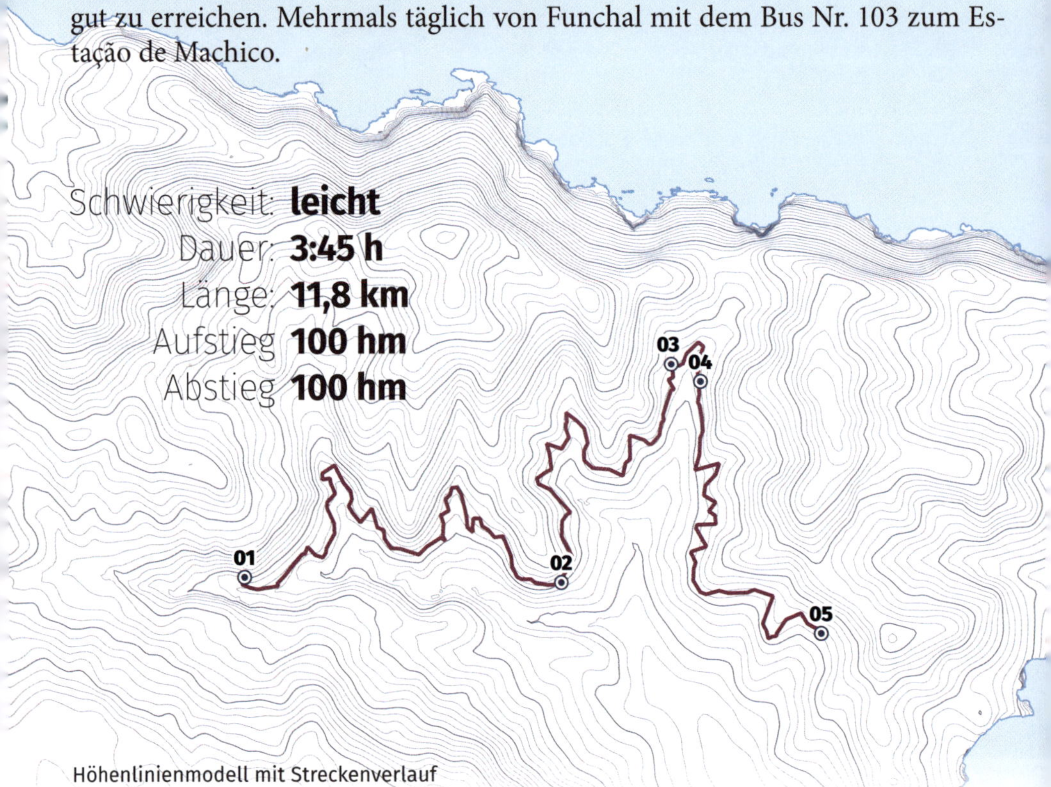

Höhenlinienmodell mit Streckenverlauf

Höhenprofil

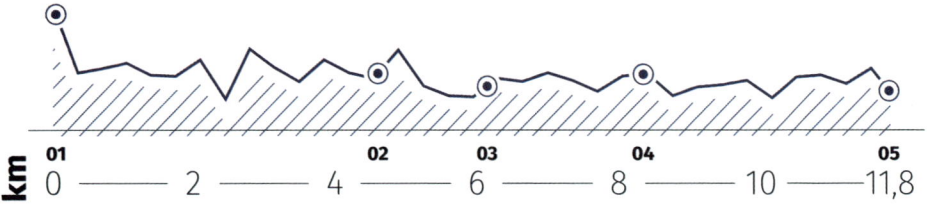

Im Talbecken rund um Machico gibt es besonders viele Feldterrassen. Aber die Region gehört auch zu den am dicht besiedelsten von Madeira. Kurvenreich zieht sich die Levada do Caniçal zwischen Kulturlandschaft und dem umgebenden Wald. Dabei streift sie immer wieder blumenreiche Gehöfte und mit Feldfrüchten bewachsene Terrassen.

▶ Gut elf Kilometer lang ist der Weg und zählt zu den klassischen Levadawanderungen. Direkt gegenüber der Bar A Calçadinha 01 in Maroços befindet sich der Einstieg. Wir wandern am Kanal entlang, an Häuschen vorbei und queren bald eine asphaltierte, steile Straße. Ein wenig versetzt laufen wir auf der anderen Straßenseite über eine betonierte Rampe zum Wasserkanal zurück. Über Wiesen umrunden wir den Taleinschnitt Faja dos Rolos. Amschließend queren wir über Trittsteine einen Bachlauf, dann wandern wir wieder über mosaikartig gestufte Hänge aus dem Tal hinraus.

Bald befinden wir uns wieder hoch über Machico. Wir schwenken in das nächste Seitental ein. Als Teil des alten Verbindungsweges wird die Levada hier von Straßenlaternen begleitet. Wir umrunden das Tal oberhalb von Ribeira Grande 02. Das Gelände wird schroffer, dann durchqueren wir einen gut 30 Meter langen Tunnel. Et-

was später passieren wir ein weiß getünchtes Wasserhaus, von dem eine betonierte Rinne abwärtsführt. Der nächste Taleinschnitt wird von der Ribeira da Noia **03** gebildet. Bald queren wir den Bachlauf über eine Holzbrücke. Beim Verlassen des Tales kommen wir zur kleinen Bar o Jacaré. Sie liegt auf gut der Hälfte der Strecke. Kurz geht es über eine Asphaltstraße, dann sind wir wieder auf dem Levandaweg.

Jetzt haben wir den tiefsten Taleinschnitt vor uns; Er wird vom Ribeira Seca durchflossen. Nach Waldpassagen und Feldterrassen überqueren wir den Bachlauf im Talschluss. Einieg Hundert Meter weiter erreichen wir den Abzweig **04** des alten Saumpfades, der zum Boca do Risco aufsteigt. Abenteurlich führt er Richtung Porto da Cruz **◉**. Wir wandern jedoch weiter entlang des Wasserkanals, über Wiesengelände und den bewaldeten Hangeinschnitten. Auf dem sattelähnlichen Hangrücken schwenken wir nach Westen und durchqueren den letzten Taleinschnitt. Kurz vor Ende wandelt sich der Levadaweg zur schmalen „Dorfstraße" durch kleine Häuschen und Gärten hindurch.

Nachdem wir eine Straße überquert haben endet unsere Wanderung knapp ver dem alten Caniçal-Tunnel **05** bei einem restaurierten Levadahäuschen. Ein Hinweisschild informiert uns, dass die gesamte Levadstrecke rundumerneuert und 2011 wiedereröffnet wurde. So führt die Route auf einem durchwegs gepflegen Weg, auf dem wir bequem und problemlos wandern können. Am Endpunkt befindet sich auch die Bushaltestelle der Busverbindung Caniçal – Machico.

ia do Larano

Ponta do Espigão Amarelo

Larano

Maiada

uarda

Cova das
Pedras

Pico da Coroa

743

Boca do
Risco

Pico das Roçadas

374

Larano

710

PR5

Lombo do Cura

VE1

PR5

Funduras

Lavada do
Canical

Rocha do Pena Branca

Cova Grande

Cabeço do Cura

666

03

Castanho

589

Feiteiras

E.R.

Lavada do
Canical

Fajã dos Rolos

Bar o
Jacaré

Ribeira de Machico

Madeira da Igreja

27

Ribeira Seca

Lavada do
Canical

Canical
Oeste

E.R.108

E.R.236

Bar
A Calçadinha

01

Maroços

02

Lavada do Canical

05

E.R.108

VE1

Landeiros

E.R.101

Poço do Gil

Santana Faial

Paraíso

Pico do Facho

322

E.R.238

Caramanchão

26

Piquinho
Torre

Campo de Golfe
da Madeira

**Santo António
da Serra**

E.R.207

Rocha Alta

470

VR1

E.R.108

Forte de S. João Batista

Cais

Quinta do
Santo da Serra

E.R.239

Machico

Quinta Blandy

752
Santa da Serra

Capela dos Cardais

Machico Sul

25

Dom Pedro

Queimado

Marco do Poiso

142

Matur Holiday Village

Atlantis

Senhora dos
Remédios

E.R.207

E.R.237

24

Água de Pena

Achada do
Moreno

69

Água de Pena

Bemposta

8 Santo António - Parkidyll und Markttreiben

Im Park Quinta do Santo da Serra kann man eine Fülle an einheimischen und exotischen Pflanzen bewundern. Ein typisch madeirensisches Erlebnis ist der große Straßenmarkt am Wochenende.

Bilder von: **Thomas Kargl @maxlsbilderbuch**

Kleine Santo-da-Serra-Runde

Tourencharakter
Asphaltstraßen sowie Feld- und Levadawege. Trittsicherheit und Geschicklich-
keit ist bei der brückenlosen Überquerung der Ribeira de Santa Cruz gefragt .
Sollte der Wasserstand zu hoch sein, muss man durch den Bachlauf waten. Die
Route ist unmarkiert.

Start und Ziel
Hauptplatz von Santo da Serra. Parkmöglichkeiten nahe der Kirche Igreja do
Santo da Serra. PKW-Zufahrt über die Via Rapida 1. Von Funchal fährt der Bus
der Linie 77 über Camacha nach Santo da Serra.

Schwierigkeit: **leicht**
Dauer: **3:00 h**
Länge: **8,2 km**
Aufstieg **220 hm**
Abstieg **220 hm**

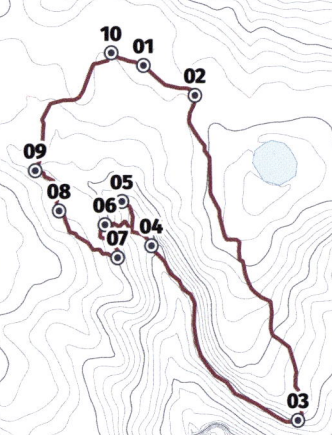

Höhenlinienmodell mit Streckenverlauf

Höhenprofil

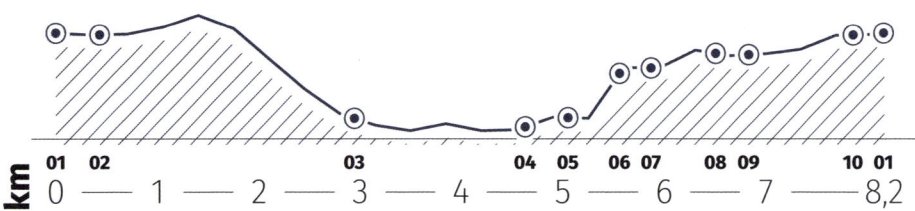

In der kleinen Santo-da-Serra-Runde gibt es auf dem Teilstück der Leva Nova keine ausgesetzten Stellen. Außer der Überquerung des Bachbettes gibt es keine nennenswerten, technischen Schwierigkeiten. Der Ausgangsort Santo da Serra ist ein beliebter Urlaubsort. Er lockt mit kleinen Restaurants, romantischen Hotels und einem Herrschaftssitz mit herrlichem Garten. Der sonntägliche Markt bietet ein buntes Treiben, zu dem die Einheimischen aus allen Richtungen heranströmen.

▶ Vom Dorfplatz in Santo da Serra **01** aus folgen wir zunächst der ER 207 nach Südosten Richtung Agua de Pena. Am Kreisverkehr mit Abzweigung **02** hinter dem Golfclubhaus halten wir uns rechts, um in eine schmälere Nebenstraße abzubiegen. Eben wandern wir aus dem Dorf hinaus bis zum Anwesen Quinta da Santo da Serra. Hinter den Wohnhäusern senkt sich die Asphaltstraße steil ab. Nach ein paar kurvigen Schwüngen erreichen wir die Levada, die mittels eines Kanals unter der Straße durchgeleitet wird.

Rechter Hand befindet sich der Levadaeinstieg **03**; der Begleitweg der Levada Nova de Santa Cruz führt uns nun gegen die Fließrichtung oberhalb des Tales der Ribeira de Santa Cruz in den Wald hinein. Auf dem teils restaurierten Weg bewältigen wir ein paar luftige Stellen, die sich auftun.

Rasch nähern wir uns dem Talboden und gelangen schließlich an eine Wehranlage, mit der Wasser in die Levada eingeleitet wird. Der Begleitweg ist hier unterbrochen **04**; so folgen wir dem undeutlich mit roten Punkten markierten Weg zur Bachsohle **05** hinunter. Hier überqueren wir den Fluss beziehungsweise waten bei zu hohem Wasserstand hindurch. Die Brücke wurde von einem Hochwasser zerstört. Am gegenüberliegenden Ufer müssen wir nach den roten Punkten im fast weglosen Waldgelände suchen. So gelangen wir zum Beginn der Levada dos Tornos **06**.

Wir halten uns links auf den Begleitweg und folgen ihm circa 150 Meter bis zum Levadaausstieg **07**. Hier wandern wir nach rechts auf einen gepflasterten Saumweg. Ein zunächst steiler, dann allmählich abflachender Gegenanstieg **08** bringt uns an Gärten vorbei empor. Am Fahrweg biegen wir dann links ein. Kurze Zeit darauf schwenken wir an einem eingezäunten Grundstück nach rechts. Die asphaltierte Waldstraße bringt und in das dicht bewaldete Tal der Ribeira Morena de Santa Cruz **09**. Mittels einer Steinbrücke überqueren wir den romantischen Bachlauf, dann beginnt ein Gegenanstieg. Die beiden folgenden Kreuzungen überqueren wir geradeaus, dann erreichen wir die Bungalow-Siedlung Quinta das Eiras **◯** mit ihren auf Stelzen stehenden Holzhäuschen. Wir gehen nur noch wenige Hundert Meter, bis die Nebenstraße in die Hauptstraße von Santo da Serra, die ER 207 **10**, mündet. Nach rechts geht es zurück zum Marktplatz **01**.

9 Naturschönheit nicht nur aus der Ferne

Einer der vielen Weit- und Ausblicke der Wanderung: Die Ilhas Desertas von oben. Wie ein schmaler Faden zieht sich das Naturschutsgebiet durchs Meer. Doch auch auf unserer Route bieten sich tolle Naturbilder.

Bilder von: **Thomas Kargl @maxlsbilderbuch**

Sitio das Quatro Estradas – Águas Mansas

Tourencharakter
Einfache Wanderung auf dem gemütlichen Levada-Begleitweg. Aufstieg über eine asphaltierte Nebenstraße, Abstieg auf einem Forstweg.

Start und Ziel
Sitio das Quatro Estradas. Buslinie Nr. 77 nach Águas Mansas. Von Quatro Estradas Bus Nr. 77 zurück nach Camacha oder Funchal.

Schwierigkeit: **leicht**
Dauer: **1:45 h**
Länge: **5,2 km**
Aufstieg **50 hm**
Abstieg **100 hm**

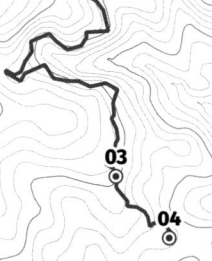

Höhenlinienmodell mit Streckenverlauf

Höhenprofil

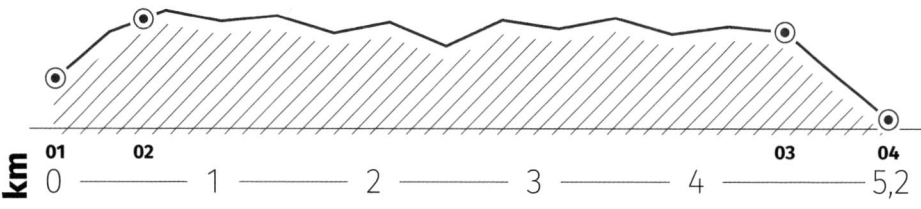

Auf der kurzen Wanderung nach Agua Mansa wandern wir vornehmlich durch den Eukalyptuswald. Die Bäume um uns herum wirken an manchen Stellen wie eine begleitende Allee.

▶ An der Kreuzung Sitio dos Quatro Estradas **01** gehen wir auf der Straße hinauf Richtung Paso de Pioso. Nach circa 600 Metern kommen wir zu einer Schweinezucht, die direkt an der Levada da Serra do Fajal **02** liegt. Die Levada kommt von Portela und zieht Richtung Camacha und Monte durch die überwiegend bewaldeten Hänge. Auf der linken Seite der Straße weist uns ein brauner Pfeil die Richtung nach Camacha. Der Kanal ist beim Forstweg nicht mehr

sichtbar. Er folgt uns in einem Rohr unter der Erde. Gut 6 km lang ist die Strecke bis Águas Mansas. Auf einer Steinbogenbrücke queren wir einen Seitenbach, dann säumen mächtige Eichen den Weg. An der äußeren Spitze eines bewaldeten Hangrückens umgehen wir ein Tunnelstück Wir umrunden es auf einem breiten Weg **◉**. Nach einer Wasserfassung queren wir nochmals eine Brücke. Die Levada begleitet uns in einem steingemauerten Gerinne entlang der Brücke. Schließlich wandern wir durch lichten Eukalyptuswald, bevor wir auf einen breiten Forstweg stoßen.

Am rechten Wegesrand steht ein hölzerner Wegweiser. Er deutet in Richtung Santo da

Serra. An dieser Weggabelung befindet sich der Levadaausstieg **03**, die Levadawanderung ist für uns beendet. Nun leitet uns ein Forstweg abwärts vobei an einer Casa Forestal und nach einigen Hundert Metern zur Hauptstraße ER 102 am Nordrand von Águas Mansas **04**. Rechts, nur 150 m entfernt, befindet sich die Bar O Rasenio-Poncha Nacional.

Wer ab hier noch weiterwandern möchte, kann die Etappe bis Camacha fortführen. Anfangs durch bewaldetes Gelände nähert sich der Kanal der ER 102. Dann durchläuft er mehrer Taleinschnitte mit leicht ausgesetzten Passagen. Im Taleinschnitt der Ribeira orto Nuovo wandern wir 1 km auf der Dorfstraße. Am Ende durchschreiten wir einen kurzen Tunnel, den wir gebückt passieren müssen. Zum Schluss läuft die Levada in den Ort Camacha hinein, genauer gesagt in den Ortsteil Rochao. Wir verlassen den Wasserlauf bei der Querung mit der Dorfstraße, gegenüber folgen wir dann der Route weiter Richtung Monte. Nach links führt die Caminho Municipal da Portela ins Zentrum von Camacha. Beim Supermarkt folgen wir der Rua Maria Acensao zum Marktplatz mit Bushaltestelle und Taxistand.

10 Blumenreiches Ziel

Nicht nur in Camacha werden wir durch das blumengeschmückte Zentrum der Liebe der Madeiraner zu ihrer teils sehr bunten Natur gewahr. Der Botanische Garten ist in harmonischen Formen angelegt mit über 2.000 Pflanzen in kontrastierenden Farben.

Bilder von: Thomas Kargl @maxlsbilderbuch

Die Levada da Serra

Tourencharakter
Gemütliche Wanderung auf einem schattigen Levadaweg. Keine nennenswerten Steigungen. Beim Zustieg und Abstieg zum Botanischen Garten müssen stärkere Höhenunterschiede überwunden werden.

Start und Ziel
Hauptplatz von Camacha am Largo da Achada. Buslinie 29 von Funchal nach Camacha. Bushaltestelle beim Botanischen Garten am unteren Ende des Caminho de Meio.

Schwierigkeit: **leicht**
Dauer: **3:30 h**
Länge: **9,9 km**
Aufstieg **100 hm**
Abstieg **500 hm**

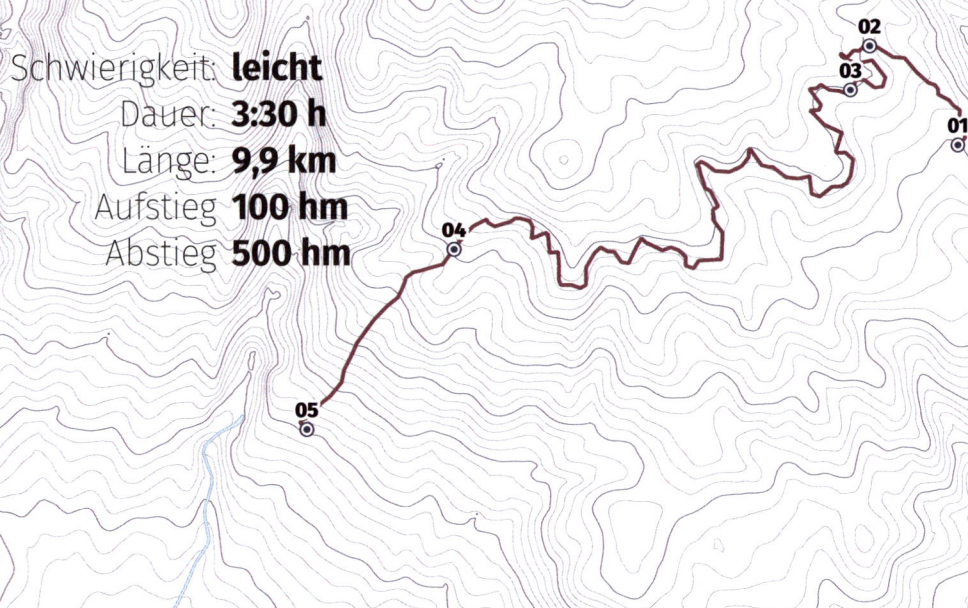

Höhenlinienmodell mit Streckenverlauf

Höhenprofil

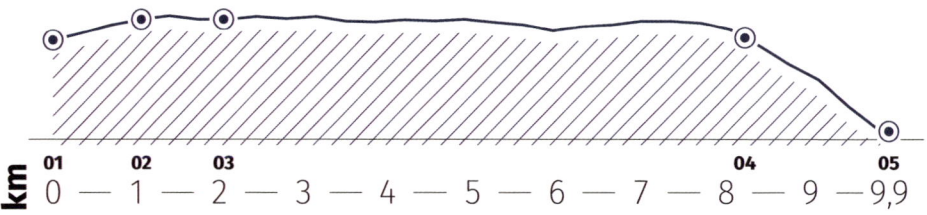

Eine einfache Wanderung, die vom Korb-flechterdorf Camacha durch die Berge oberhalb der Hauptstadt Funchal führt; Ziel ist der Botanische Garten. Dabei durchstreifen wir die typischen Terrassen-landschaften stets auf einer Höhe von 800 Metern. Nach ein paar schattigen Kiefern-wäldern wenden wir uns einem Besuch im Botanischen Garten zu.

▶ In Camacha **01** wandern wir zunächst von der Bushaltestelle am Hauptplatz steil zum eigentlichen Ausgangspunkt empor. Dafür folgen wir der Fahrstraße nach Santo da Serra durch den Ort hinauf und kommen bald an der Pfarrkirche Igreja de Madrid vorbei. Danach halten wir uns an einer Kreuzung mit Supermarkt links. Der Caminho Municipal de Portela bringt uns aus dem Ort hinaus. Nach einer Senke folgen wir erneut einer steilen Straße. Auf halber Höhe quert bei einigen Häusern die Levada da Serra do Fajal **02** die Straße. Nach links folgen wir einer Art Hausein-fahrt. Der Weg entwickelt sich bald zum Levadaweg, der uns nach Westen bringt.

Durch Terrassenfelder und Waldhaine wandern wir dahin. Die Vegetation reicht von den typischen Eukalyptusbäumen bis zu Afrikanischen Liebesblumen oder Strandkiefern und Baumfarnen ⬤. Nach einem Taleinschnitt empfängt uns ein Waldstück, dann erreichen wir die kleine Siedlung Achadinha **03**. In der urigen Bar Moisés können wir eine Pause einlegen. Eine asphaltierte Straße bringt uns aus dem Dorf hinaus. Bald führt sie nach un-ten, die Route biegt nach rechts und führt über eine Treppe zur Levada hinauf. Nach einer Kuppe erreichen wir das Vale Pariso. Dann überqueren wir die ER 203, hinter

der eine Passage aus Eukalyptus- und Lorbeerwald folgt.

Nach zweieinhalb Stunden Gehzeit überrascht uns ein kleiner Wasserfall, an dem wir uns erfrischen können. Wir queren seine Abflussrinne und erreichen einen Levadatunnel, den wir nach links umgehen. Wieder am Kanal entlang passieren wir einen Strandkiefernwald. Wir nähern uns dem Endpunkt **04** der bereits arg verwachsenen Levada. Er ist bei einer gepflasterten Waldstraße erreicht. Wir folgen ihr ab-

wärts Richtung Fußballstadion und gelangen an eine Gabelung. Eine schmale Straße bringt uns hier hinab. Neben der Kapelle Quina do Pomar kreuzen wir den Verlauf der Levada dos Tornos, dann bringt uns ein Pflasterweg noch immer steil hinunter. Oberhalb des Botanischen Gartens **05** mündet er in die Fahrstraße nach Romeiros. Um zur Bushaltestelle nach Funchal zu gelangen, gehen wir den Caminho de Meio bis zur folgenden breiten Querstraße abwärts. Mit dem Stadtbus erreichen wir das Zentrum Funchals.

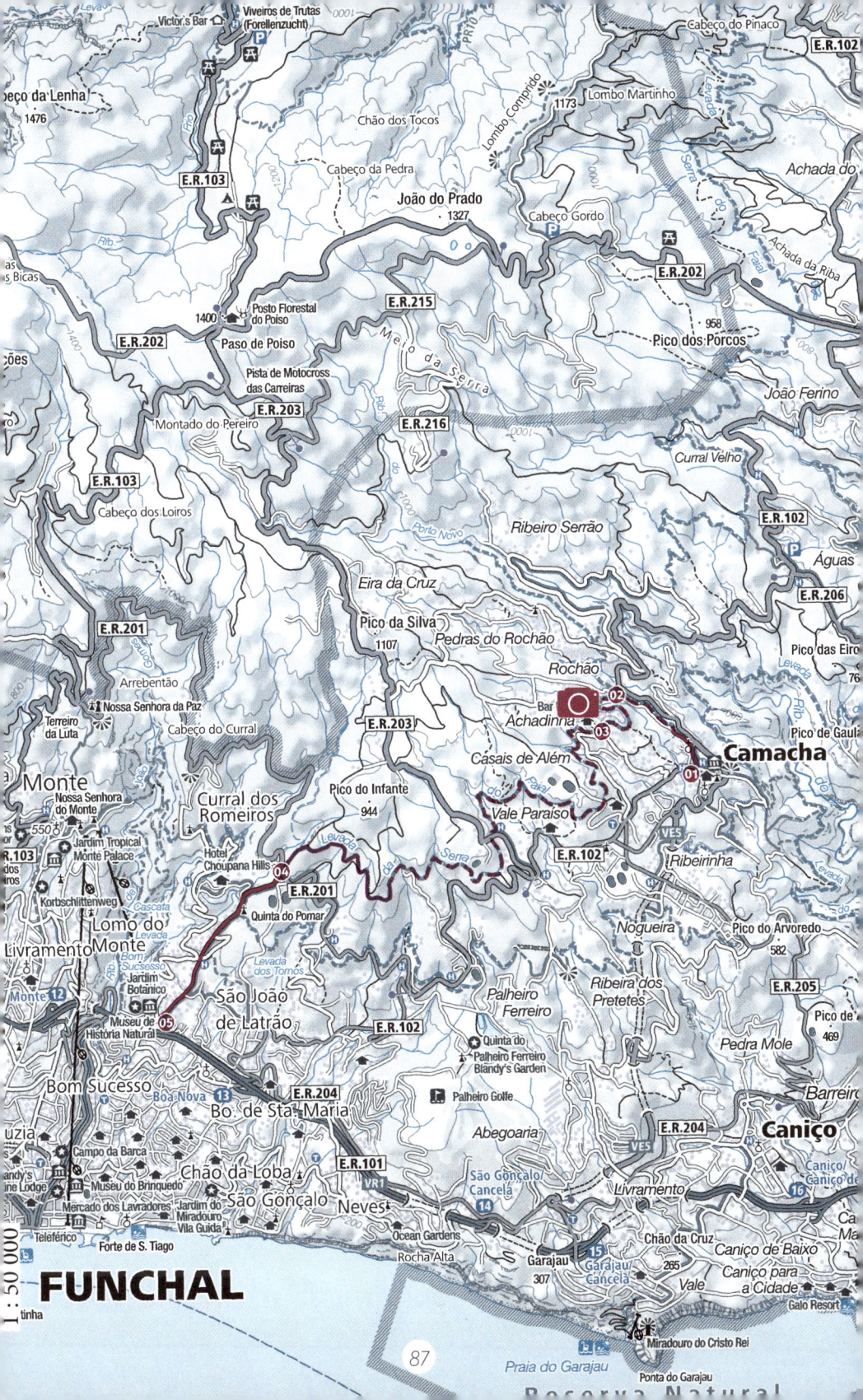

FUNCHAL

1:50 000

11 Stille Wege auf Madeiras Nordseite

São Jorge entwickelte sich während mehr als vier Jahrhunderten zu einer der wichtigsten Handelsposten im Norden der Insel. Neben dem Meeresschutzgebiet „Reserva Natural da Rocha do Navio" befindet sich Hälfte von São Jorge im Naturschutzgebiet des Lorbeerwaldes Laurisilva.

Bilder von: **Thomas Kargl @maxlsbilderbuch**

Der Küstenweg nach Sao Jorge

Tourencharakter
Alte, teilweise gepflasterte Verbindungswege, die uns von Dorf zu Dorf führen. Steiler Abstieg ins Tal der Ribeira de São Jorge. Entspanne Weiterwanderung von São Jorge an der Atlantikküste entlang.

Start und Ziel
Bei der Hotelanlage Quinta do Furão. 400 Meter südlich der Hotelanlage befindet sich die Bushaltestelle der Linie 103. Vom Endpunkt der Tour führt ebenfalls die Linie 103 hierher zurück.

Schwierigkeit: **mittel**
Dauer: **2:30 h**
Länge: **5,8 km**
Aufstieg **320 hm**
Abstieg **320 hm**

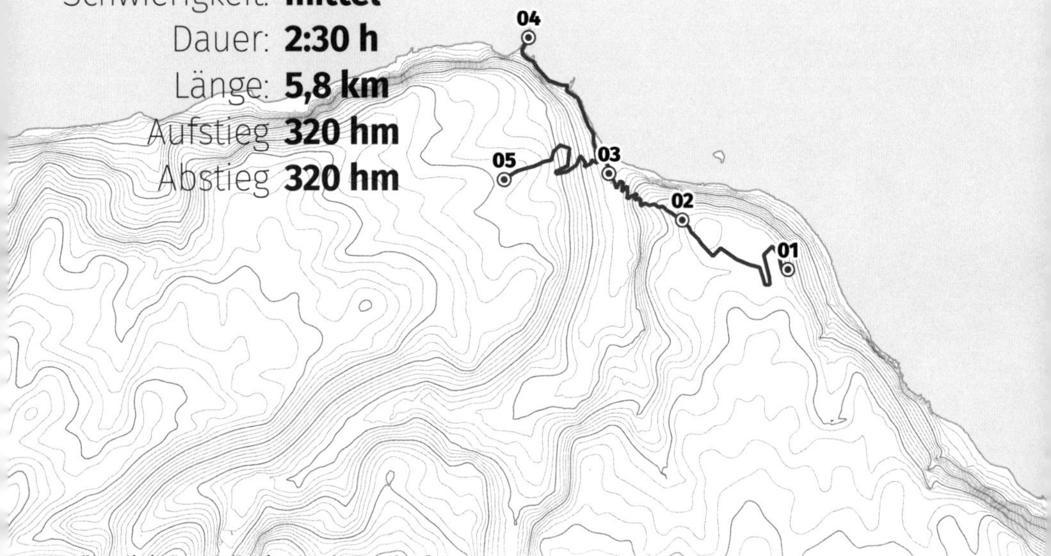

Höhenlinienmodell mit Streckenverlauf

Höhenprofil

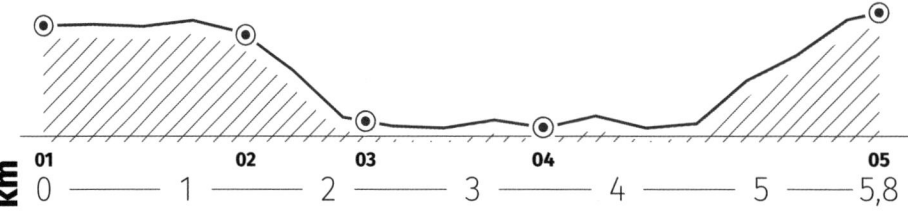

Ender der 1990er Jahre wurde das Meer von der Landzunge Ponat de São Jorge bis zur Ponta do Clérigo als Schutzgebiet ausgewiesen. Das „Reserva Natural da Rocha do Navio" umfasst dabei eine Fläche von mehr als 1.700ha. Dieses Meereschutzgebiet dient vornehmlich zum Schutz des Lebensraumes der Mittelmeer-Mönchsrobbe. Vom Landweg erreicht man das Schutzgebiet nur von São Jorge und der Seilbahn Teleférico da Rocha do Navio bei Santana.

▶ Beim Hotel Quinta do Furão **01** gehen wir kurz die Zufahrtsstraße zurück bis zu einer schmalen Fahrstraße 🄾. Sie verläuft oberhalb der Achada do Gramacho **02** entlang der Steilküste und endet beim Aussichtspunkt Cabeço da Vigia, wo uns ein schöner Blick über die Weinreben erwartet. Kurz davor halten wir uns links. Der alte Saumpfad, markiert mit dem Schild „São Jorge Calhau", bringt uns über zahlreiche Spitzkehren zum Bachbett hinab. Nicht nur einmal lassen wir dabei den herrlichen Blick über die schroffe

Landschaft bis zu den Häusern von São Jorge mit Kirchturm und Leuchtturm schweifen. Die Höhenmeter überwinden wir auf angenehme Weise, denn der alte Verbindungsweg ist gut zu begehen. Nach der Bar überqueren wir das Bachbett der Ribeira de São Jorge und setzen unseren Weg Richtung Küste fort. An den Ruinen des ehemaligen Hafens Calhau **03** führt ein Stichweg nach rechts durch Mauern hindurch zu einem Tor oberhalb des Meeres.

An der kurz darauffolgenden Weggabelung schlagen wir den Küstenweg ein, zur Landspitze Ponta de São Jorge **04** mit dem alten Bootsanleger. Eindrucksvoll bietet sich uns entlang des breiten Weges die raue Nordküste Madeiras dar. Stolz trotzen riesengroße Aeonien am Fels dem unwirtlichen Klima. Knapp eineinhalb Stunden später gelangen wir zum Bootsanleger. Steinschlag- und Rutschgefahr verbieten ein Betreten, obwohl die äußerste Spitze einen wundervollen Blick auf die Nordküste von Madeira erlaubt.

Zurück an der Abzweigung bei Calhau  **03** führen in die Klippen geschlagene, gepflasterte Serpentinen der Kirche entgegen. Nun machen wir die Höhenmeter wieder wett, die wir beim Abstieg von Santana verloren haben. Stufen neben dem Friedhof führen uns schließlich zur Dorfstraße von São Jorge **05**. Dieser Abschnitt war einst die Hauptstraße, da alle Waren über die Saumpfade vom Hafen in die Orte transportiert werden mussten.

Die Tour kann nach Westen verlängert werden. Sie führt zum Ortsteil „Farrobo" und weiter zum Leuchtturm oder zum Aussichtspunkt „Vigia", der tolle Blicke nach Ponta Delgada bereithält. Sie gilt als schönstes barockes Bauwerk an der Nordküste Madeiras. Im Innern verbirgt sich ein Hochaltar mit sehr schönen Schnitzereien. Schließlich fahren wir mit dem Bus zum Ausgangspunkt zurück. Die Bushaltestelle befindet sich nahe bei der Kirche.

Ponta de S. Jorge

04

Miradouro da Vigia
Farol de S. Jorge

Farrobo
Poio
Pontinha

Curral da Rocha
Praia de S. Jorge

Terras de Fora
Calhau

Lapa Negra
São Jorge
Rocha das Vinhas

Village
05
Achada do Gramacho

Achada Grande
Igreja do São Jorge
03

Lombo da Cunha
E.R.101
02
Quinta do Furão
01

Rainha
507
Lombo do Pico
Achada da Cruz
Pico do Tanoeiro

Pico
Fonte Grande

Faias

Achada do Milheiro
Fajã Alta
VE1
Pinheiro
Quebrada Grande

Ilha
Garnal
346
Pinheiro
VE1
Teleférico da Rocha do Navio
Ilhéu da Viúva ou

Ermida
Lombo de Antão Alves
Barreiro
Ponta de Catar
E.R.219
Santana
Cortado
529

E.R.213
Achada de Sto. António

Miradouro do Cabeço do Resto
Casas de Colmo
Hotel o Colmo
Lombo do Clérigo

Silveira
Fonte da Pedra

Achada do Marques
Lombo do Curral
VE1

Cova do Curral
Miradouro do Cortado

Casas Típicas de Santana
Feiteira do Nuno
Miradouro Bom Cami

Posto Florestal

1:50 000

12 Lorbeerwald löst die von Menschen gemachte Vegetation bald ab

Eine Wanderung, bei der der Bewuchs ab der Hälfte immer ursprünglicher wird. Die steilen Felswände und der üppige Lorbeerwald lassen ein regelrecht paradiesisches Urwaldgefühl aufkommen.

Bilder von: Thomas Kargl @maxlsbilderbuch

Levada do Rei

Tourencharakter
Streckenwanderung in ein eindrucksvolles und einsames Flusstal. Einige leicht ausgesetzte Stellen. Im Sommer gibt es entlang der Wegstrecke einige Bademöglichkeiten.

Start und Ziel
Quebradas. Mit dem Auto von Südosten über die VR1 nach São Jorge und weiter nach Quebradas. Aus westlicher Richtung über die alte Küstenstraße ER 101 zum Ausgangspunkt.

Schwierigkeit: **mittel**
Dauer: **3:00 h**
Länge: **10,7 km**
Aufstieg **40 hm**
Abstieg **40 hm**

01

02

Höhenlinienmodell mit Streckenverlauf

Höhenprofil

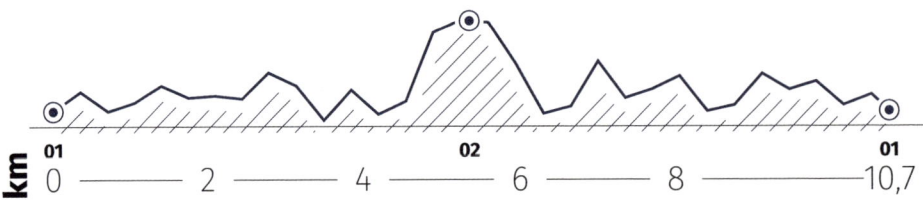

km

01
0 —— 2 —— 4 —— 6 —— 8 ——10,7

02

01

96

Auf der Nordseite der Insel zeigen sich die Levadas durch dichten Waldbewuchs noch ein Stück ursprünglicher als im Süden. Steilere Hänge erschwerten das Anlegen der Terrassen und die höhere Feuchtigkeit sorgt für eine üppigere Vegetation. Einige abschüssige Passagen auf dem Weg sind mit Geländern gesichert. Schwindelfrei sollte man aber dennoch sein. Selbst Rinnsale können den Weg rutschig werden lassen, wenn sie über die Steilwände auf die Levada fallen. Verirren werden wir uns dafür wohl eher nicht, denn der einsame Verlauf des Wasserkanals führt an keinen anderen Wanderwegen vorbei.

▶ In Quebradas **01** starten wir zu unserer spannenden als PR 18 gekennzeichnete Levadatour. Die Wasseraufbereitungsanlage an der Achada do Milheiro oberhalb von São Jorge ist mit der Ortschaft durch eine schmale Schotterstraße verbunden. Kurz hinter dem Parkplatz befindet sich ein Wasserreservoir; hier bringen uns ein Pfad und eine Steintreppe nach links zur Levada hinunter. Der Kanal führt uns taleinwärts entgegen der Fließrichtung. Ein aufgeforsteter, subtropischer Wald nimmt uns auf und umhüllt uns mit seinen Eukalyptusbäumen. Durch Lücken erhaschen wir herrliche Ausblicke auf das raue Tal von São Jorge und die gestufte Landschaft um Santana. Bald darauf passieren wir einen 5 Meter langen Tunnel. Der Urwaldwuchs wird allmählich immer wilder und ursprünglicher 📷. Die Bäume wirken wie ein grüner Tunnel, die den Felstunnel ablösen und Kanal und Weg umhüllen. Nachdem wir bereits weit ins Tal vorgedrungen sind und einige luftige Wegstellen bewältigt haben, fällt ein Wasserschleier in einem Hangeinschnitt auf die Levada herab. Der Weg ist hier hangseitig in den Fels geschlagen und mit Betonplatten

abgedeckt; so kann das Wasser in den Kanal abfließen.

Im Tal des Ribeiro Bonito **02** endet die Levada auf einer Höhe von 575 m. Der Fluss hat sich hier klammartig ins Vulkangestein hineingefressen. Steile mit Moos bewachsene Felswände erheben sich, geschliffen und geformt vom glasklaren Wasser. Wir fühlen uns hier wie im Urwald. Nicht ohne Grund wurde der Lorbeerwald der Insel 1999 zum UNESCO-Weltkulturerbe ernannt. Wir bekommen ein Gefühl davon wie Madeira zur Zeit ihrer Entdeckung aus-

gesehen haben muss. Auch und gerade das Wasser trägt in diesem Tal ganz besonders zur Vielfalt der Tier- und Pflanzenwelt bei. Hier wird es in die Levada eingeleitet. Der Rückweg führt uns auf dem Anfangsweg zum Ausgangspunkt Quebradas **01** zurück. In São Jorge sollten wir unbedingt der 300 Jahre alten Wassermühle einen Besuch abstatten. Sie wurde mit dem Wasser aus der Levada do Rei gespeist und ist ein erfreuliches Beispiel einer gut erhaltenen solchen Anlage auf Madeira. In diesen Mühlen wurden Weizen, Mais, Roggen und Hafer aus den umliegenden Feldterrassen gemahlen.

Ponta de S. Jorge

Miradouro da Vigia   Farol de S. Jorge

Farrobo   Poio   Pontinha

Curral da Rocha

Terras de Fora

São Jorge

Lapa Negra   Achada Grande

Igreja do São Jorge

Poços   Arco Pequeno   Cabanas Village

E.R.101

Arco de S. Jorge

entura

E.R.101

Lombo da Cunha

Rainha 507

Pico

Lombo do Pico

Lombo da Cruz

Arco de São Jorge 818

Ribeira Funda

Fajã Alta

VE1   Pin 340

Serrão

01

400

Pinhei

Travessa

E.R.101

Achada do Milheiro

Ilha

Garnal

Ermida

E.R.219

Lombo de Antão Alves

Fajã Grande

Fajã do Penedo

Miradouro do Cabeço do Resto

Silveira

E.R.107

Achada do Marques

Falca de Baixo

02

Cova do Curral

Santana

e Cima

Posto Florestal

Assamadouros 1184

Vale da Lapa 981

893

R   e   s   e   r   v   a

Pico das Lajinhas 1326

Queimadas

Achada do Roque Rancho Madeirense

N   a   t   u   r   a   l

Lombo dos Pessegueiros

Pico das Pedras

Pico Canário 1491

Levada do Caldeirão Verde

Moitadas

Caldeirão Verde

I   n   t   e   g   r   a   l

1302

Caldeirão do Inferno   Cascata

Lombo dos Cedros

Pico das Pedras

Levada do Pico Ruivo

Achada do Teixeira

13 Über den Höchsten Madeiras

Eine der schönsten Wanderungen Madeiras bewegt sich entlang der Wasser- und Wetterscheide der zentralen Gebirgskette. Stets in luftigen Höhen an den Nord- und Südhängen des schroffen Zentralgebirges.

Bilder von: Thomas Kargl @maxlsbilderbuch

Die Überquerung zum Encumeada-Pass

Tourencharakter
Anspruchsvolle Wanderung entlang der Zentralkette. Aufstieg zur Pico-Ruivo-Hütte und ihrem Gipfel erfolgt angenehm über gepflasterte Wege. Danach Bergpfade und teils steile Treppen. Trittsicherheit, alpine Erfahrung und Schwindelfreiheit erforderlich.

Start und Ziel
Achada do Teixeira am Ende der ER 218. Bus Nr. 103 von Santana, dann mit dem Taxi zur Achada do Teixeira. Vom Encumeada-Pass kehren wir dann mit dem Bus nach Funchal zurück.

Schwierigkeit: **mittel**
Dauer: **5:15 h**
Länge: **12,3 km**
Aufstieg **745 hm**
Abstieg **1450 hm**

Höhenlinienmodell mit Streckenverlauf

Höhenprofil

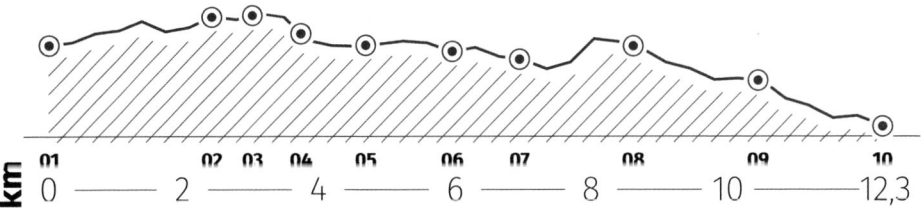

102

Oft sind dabei die Wolken bei dieser Wanderung zum Greifen nahe. Rasch tauchen wir nach dem Pico Ruivo in eine einsame Bergwelt ein. Passatwinde können schnell zum Wetterumschwung führen, weshalb eine alpine Ausrüstung und ausreichend Vorräte wichtig sind. Durch einen raschen Wetterwechsel, rutschige Wegverhältnisse und felsige Passagen wird diese Wanderung zu einem anspruchsvollen Unterfangen.

▶ Vom großen Parkplatz an der Achada do Teixeira **01** folgen wir dem gelben Wegweiser auf den einzigen Weg, der hier beginnt und Richtung Pico Ruivo führt. Der gepflasterte Weg bringt uns vom Sattel aus nach Westen über einen Wiesenrücken leicht hinauf. Dann folgt er einer Serpentine. Wir folgen in mäßigem Anstieg der Trasse durch die Zentralkette der Nordhänge. Nach einer Viertelstunde stehen wir an einer steinernen Unterstellhütte samt Rastbank. Ein wenig später kommen wir auf die Südseite des Grates mit herrlichen Tiefblicken auf das zerklüftete Zentrum Madeiras. Nach einer

zweiten Schutzhütte und ein paar Anstiegen, die wir mittels Steintreppen meistern, erreichen wir die Pico-Ruivo-Hütte **02**. Die 1939 erbaute Hütte liegt im alpinen Gelände unterhalb des Gipfels.

Oberhalb der Hütte teilen sich die Wege: Links geht es zum Pico Ruivo **03**, wir schlagen jedoch den rechten Weg Nr. PR1.3 ein, der mit einem Wegweiser „Encumeada 11,1km" **04** gekennzeichnet ist. Gut gepflastert zieht sich der Bergpfad mit mehreren Stufen und Serpentinen hinab in die Nordwesthänge unterhalb des Pico Ruivo **05**. Danach wandern wir auf einem Quergang mit leichtem Auf und Ab an der Südseite des Kamms entlang. Nach einer Trasse im braunen Lavagestein wechseln wir nun immer wieder zwischen Süd- und Nordseite hin und her. An der Nordseite des Pico Coelho empfängt uns der kühle Wald **06**. Hinter dem Pico das Eirinhas halten wir uns an der Weggabel geradeaus, etwas später beschreibt der Weg eine Linkskurve und führt dann

über Steintreppen die Nordseite hinunter. Über steile, teils mit Geländern gesicherte Steintreppen geht es hinab. Wir wechseln auf die südliche Hangseite bis zum Boca das Torrinhas **07**.

Jetzt beginnt der Gegenanstieg in Richtung Pico do Jorge **08**. Er führt uns über steile Treppen, unterbrochen von einem längeren Quergang. Danach erreichen wir einen markanten Felsspalt, der von einer senkrechten Lavasteinplatte gebildet wird. Wir steigen durch die mit Felsbrocken durchsetzte Kluft. Der nächste Teil des Gegenanstieges bringt uns über einige Serpentinen durch den Wald. Dabei passieren wir einen Hirtenstand.

Nach dem luftigen Kamm beginnt der Abstieg über Felspfade und Stein- und Lavatreppen gut 550 Höhenmeter hinunter. Die Passagen sind von Quergängen, meist

auf der Südseite des Kamms, aufgelockert. Hinter einem Holzgatter umwandern wir den Pico da Encumeada an der Südseite. Eine lange Steintreppe begleitet uns danach zum Pico da Cabra **09** hinunter 📷. Nach einer rutschigen Lavatreppe rücken die Passstelle und die Sendeanlage allmählich ins Blickfeld.

Über einen Pflasterweg erreichen wir im letzten Abschnitt eine Weggabel mit Hinweisschild. Hier treffen wir abwärts über eine hohlwegartige Passage knapp unterhalb des Encumeada-Passes auf die Fahrstraße ER 228. Auf ihr wandern wir die letzten Meter zur Passstelle **10** zurück. Nach ca. viereinhalb Stunden Gehzeit erreichen wir schließlich das Ziel unserer landschaftlich äußerst beeindruckenden Tour. Auf der Passhöhe erwarten uns eine Aussichtsplattform, ein Kiosk sowie ein Restaurant an der Südseite.

14 Blumenexpedition hoch über Funchal

Mit der Seilbahn schweben wir zum bekanntesten Park der Insel hinauf. Der Palmengarten, das mit hübschen Mustern angelegte Blumenfeld oder auch die Liebeshöhle lassen nicht nur die Herzen des Botanikers höherschlagen.

Bilder von: **Thomas Kargl @maxlsbilderbuch**

Botanischer Garten – Jardim Botânico

Tourencharakter
Keine Wanderung im eigentlichen Sinne, eher ein Spaziergang. Parkwege und Treppen führen im Botanischen Garten Madeiras durch fünf Hauptbereiche auf über 35.000 m².

Start und Ziel
Botanischer Garten. Auffahrt mit der Seilbahn vom östlichen Rand der Altstadt. Alternativ Fahrt mit der Buslinie 31, 31A und 29 vom Zentrum Funchals aus direkt zum Botanischen Garten.

Schwierigkeit: **leicht**
Dauer: **beliebig**
Länge: **beliebig**

Madeira ist bekannt als die „Blumeninsel". Übersetzt bedeutet sie jedoch „Holz", da sie zu Zeiten ihrer Entdeckung fast gänzlich mit Lorbeerwald bedeckt war. Siedler brachten nach und nach neue, exotische Pflanzen nach Madeira, die bald hier heimisch wurden. Kaufleute schmückten ihre Gärten und Parkanlagen im 18. Jahrhundert mit attraktiven, tropischen und subtropischen Pflanzen. So präsentiert sich Madeira heute als „Schwimmender Garten"; jede Jahreszeit hat dabei ihre ganz eigene, jedoch stets überaus reiche Blütenfülle.

▶ Der Botanische Garten in Funchal wurde 1960 gut 3 km oberhalb des Stadtzentrums auf dem Areal der Quinta do Bom Sucesso errichtet. Linienbusse oder Gondelbahn bringen uns bequem aus Funchal zum Jardim Botânico, der mit seinem verzweigten Wegenetz über eine Fläche von 35.000 m² ausgedehnte Spaziergänge erlaubt. Er wurde an einem Hang zwischen 200 und 350 Meter Seehöhe angelegt, daher müssen wir bei der Besichtigung einige Höhenmeter überwinden.

Direkt hinter dem Haupteingang befinden sich zunächst die Pflanzen, die auf Madeira einheimisch sind sowie die Arten der höheren Bergregionen. Dazu gehört neben der Madeira-Blume auch die Papageienblume. Wir spazieren über den Rundweg weiter durch den Baumgarten: ein Résumé an Laub- und Nadelbäumen, zu denen sich auch zahlreiche Holzgewächse aus dem Himalaya gesellen. Die folgende, obere Terrasse ist von gestalteten Gärten, Sukkulentenbeeten und landwirtschaftlichen Pflanzen bestimmt. Wir folgen dem breiten Weg weiter hinab, zu einem großen Platz mit Palmfarnen. Hier befindet sich auch der untere Eingang. Rechter Hand befindet sich der „Loiro Parque", ein Vogelpark mit Papageien und anderen exotischen Vögeln.

Auf dem Rückweg gelangen wir zunächst durch den Palmengarten und danach durch das Areal mit den einheimischen Pflanzen Madeiras. Auf dem Weg zur Talstation der Seilbahn gibt es Cafés, medizinische Pflanzen, eine Klippe mit einheimischen und tropischen Nutzpflanzen. Zur richtigen Zeit winken uns die satten Früchte von Mango, Papaya und Kaffee zu. Dann erreichen wir die Liebesgrotte und den Aussichtspunkt auf die Bucht von Funchal. An der Talstation der Seilbahn endet der Rundweg.

Der Garten ist staatlich verwaltet und steht der Forschung zur Verfügung. 1997 wurde er erweitert, um botanisch bedeutsame Pflanzen wie die Cycaspalmfarne aufzunehmen. Zudem gibt es ein kleines, naturhistorisches Museum, das vorwiegend Tierpräparate ausstellt. Rastbänke, teilweise herrliche Ausblicke, ein Amphitheater und ein Terrassencafé machen den Spaziergang noch kurzweiliger. Für den Rückweg können wir auch den Botanischen Garten am unteren Ende verlassen und mit dem Taxi in die Altstadt zurückfahren.

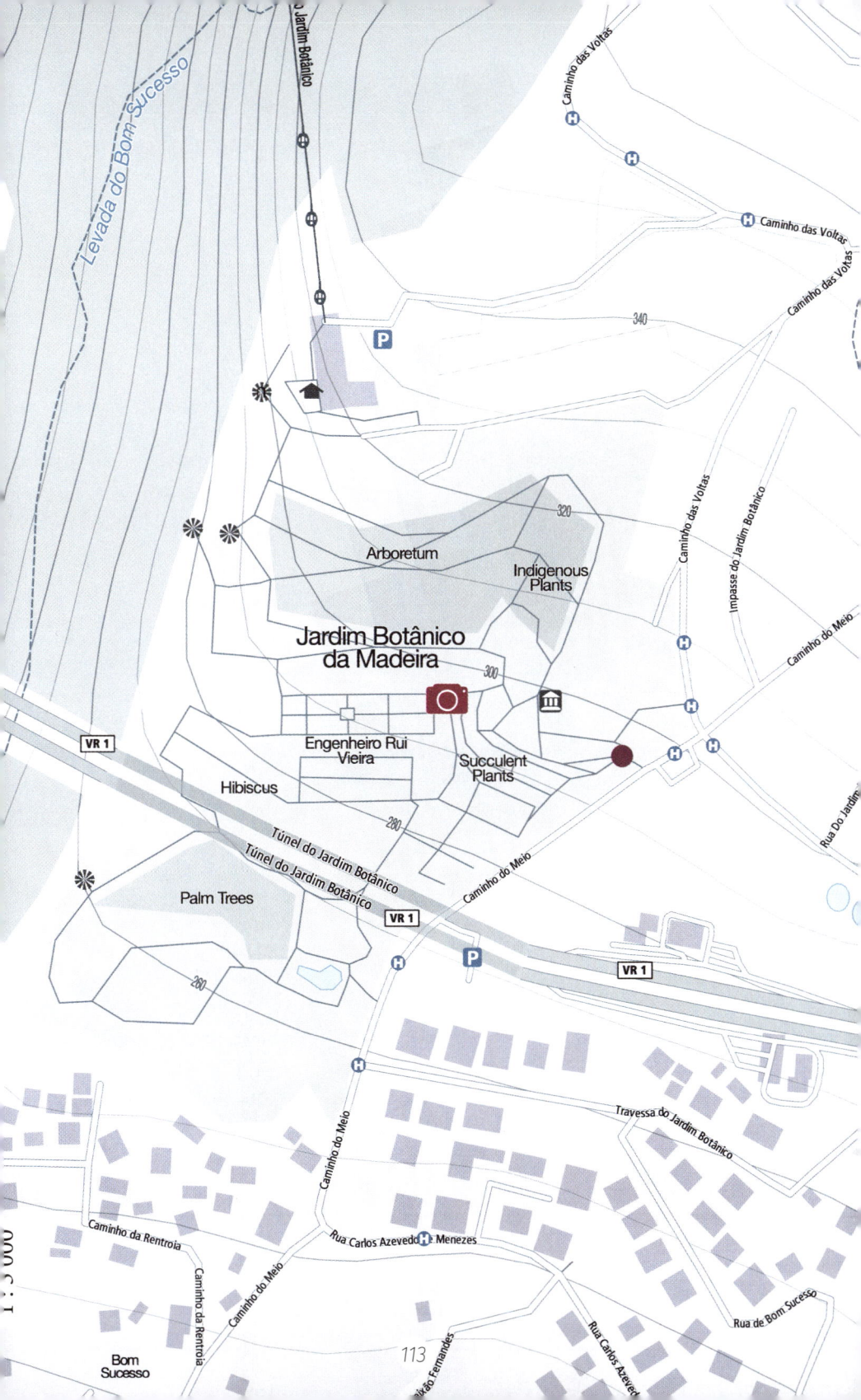

Levada do Bom Sucesso

Caminho das Voltas

Caminho das Voltas

Caminho das Voltas

340

320

Arboretum

Indigenous Plants

Jardim Botânico da Madeira

300

Engenheiro Rui Vieira

Succulent Plants

Hibiscus

VR 1

280

Túnel do Jardim Botânico

Túnel do Jardim Botânico

VR 1

Palm Trees

280

Caminho do Meio

VR 1

Caminho do Meio

Rua Do Jardim

Caminho do Meio

Impasse do Jardim Botânico

Travessa do Jardim Botânico

Caminho da Rentroia

Rua Carlos Azevedo e Menezes

Caminho do Meio

Caminho da Rentroia

Rua de Bom Sucesso

Rua Carlos Azevedo

Bom Sucesso

15 Die mondäne Inselhauptstadt

Neben einer Vielzahl an Sehenswürdigkeiten lockt Funchal mit kleinen Gässchen und netten Straßencafés. Mehrere Parks mit außergewöhnlichem Bewuchs und entspannendem Ambiente bieten sich zum Flanieren an.

Bilder von: **Thomas Kargl @maxlsbilderbuch**

Stadtrundgang durch Funchal

Tourencharakter
Einfache Stadtwanderung, die über asphaltierte Straßen und gepflasterte Gassen führt. Bequeme Sport- oder Wanderschuhe sind empfehlenswert.

Start und Ziel
Avenida do Mar am Palácio São Lourenço in Funchal. Am Busbahnhof in Funchal halten mehrere Linien aus allen Teilen der Insel.

Schwierigkeit: **leicht**
Dauer: **2:30 h**
Länge: **5,4 km**
Aufstieg **120 hm**
Abstieg **120 hm**

Höhenlinienmodell mit Streckenverlauf

Höhenprofil

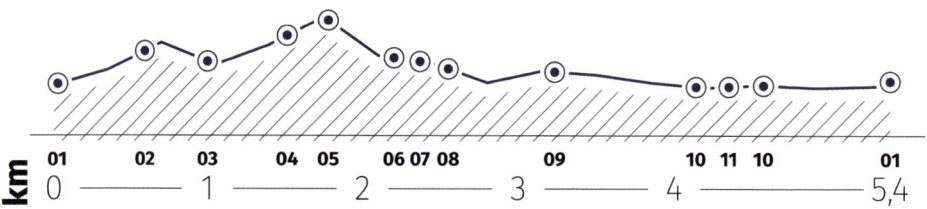

Bei unserem ersten Besuch in Fuchal konzentrieren wir uns erst einmal auf die Avenida Do Mar **01**, die mit schattigen Bäumen und Gartenanlagen die Marina umgibt. Der Palácio São Lourenço bildet den Ausgangspunkt für unsere Rundwanderung. Die breite Prachtstraße führt uns zunächst nach Westen und wir gelangen gleich darauf zur Marina mit den großen Jachtbooten. An einem Kreisverkehr zweigt die Rua Fontes nach rechts ab und bringt uns zum Park Santa Catarina **02**, der sich über ein nach Westen ansteigendes Küstenareal erstreckt.

Im Nordosten der Parkanlage, der Rotunda do Infante, halten wir uns am Kreisverkehr **03** links auf die nach oben abgehende Rua Dr. Brito Cãmaro. Ihr folgen wir hinauf Richtung Convento de Santa Clara. An der nächsten Straße geht es nach rechts, über die Rua Major Reis Gomes und ein wenig später über die Rua de Carreira hinüber,

bis wir die Rua das Cruzes **04** erreichen. Die Rua das Cruzes führt auf den Eingang des Klosters Santa Clara **05** zu; es liegt in der Oberstadt von Funchal. Heute beherbergt es das Kulturmuseum Madeiras.

Der Rückweg führt uns durch die Calcada de Santa Clara, vorbei am Stadtmuseum und hinab zum Stadtgarten **06**, dem Jardim Municipal; links geht die Avenida Arriaga als Fußgängerzone ab. In der Old Blandy's Wine Lodge gibt es eine kurze Rast, bevor wir weiter zur großen Kathedrale **07** an der Praça do Municipio im Zentrum weitergehen.

Im Rathaus **08** ist zugleich das Stadtmuseum untergebracht. Dann zieht es uns durch die Gassen der Altstadt in Richtung Markthallen **O**. Wir überqueren die beschauliche Praça de Colombo mit den Cafés und den umgebenden Palästen und quadratischen Türmen. Die Rua do Esme-

raldo begleitet uns schließlich zum Graben der Ribeira de Santa Luzia, den wir überqueren. An der Rua Proteta östlich der Ribeira de João Gomes liegt der Mercado dos Lavradores **09**. Auf diesem Bauernmarkt werden exotische Früchte, Fleisch, Wurst, Geflügel sowie Korb- und Lederwaren feilgeboten. Die zweite Straße im Süden des Marktes, die Rua Dom Carlos I., führt zur Talstation der Seilbahn nach Monte **10**. Die Gondelbahn verbindet das Zentrum mit dem Ortsteil Monte. Nach weiteren 300 Metern endet die Strandpromenade an der Fortaleza São Tiago **11**, die das Ende der Stadtmauer von 1620 sicherte.

Sie bildet den Endpunkt unseres kurzweiligen Stadtspaziergangs. In ihrem Inneren befindet sich das Museum für zeitgenössische Kunst. Interessant könnte auch die Felsbadeanlage Barreirinha sein, die vom Largo do Socorro aus zugänglich ist. Wir schlendern zurück zum Ausgangspunkt beim Palacio São Lourenço an der Avenida do Mar **01**. Er wird Richtung Westen stets am Ufer entlang und nach gut einem Kilometer erreicht.

FUNCHAL

1 : 50 000

16 Nichts als Superlativen

Der Cabo Girão ist eine der höchsten Steilklippen Europas. Zu seinen Füßen leuchten die Terrassenfelder herauf. Von hier aus werden wir auch zu einem Teilstück eines der längsten Wasserkanäle Madeiras aufbrechen – dem Levada do Norte.

Bilder von: Thomas Kargl @maxlsbilderbuch

Die Levada do Norte West

Tourencharakter
Breite, teils betonierte Wege gibt es nur im Tal der Ribeira de Caixa. Sonst Pfade, die meisten Stellen sind mit Geländern gesichert. Gut ausgeschildert.

Start und Ziel
Aussichtspunkt Cabo Girão. Mit dem Auto von Campanário über die ER229. Von Ribeira Brava nehmen wir ein Taxi zurück zum Ausgangspunkt.

Schwierigkeit: **leicht**
Dauer: **3:45 h**
Länge: **14,6 km**
Aufstieg **400 hm**
Abstieg **860 hm**

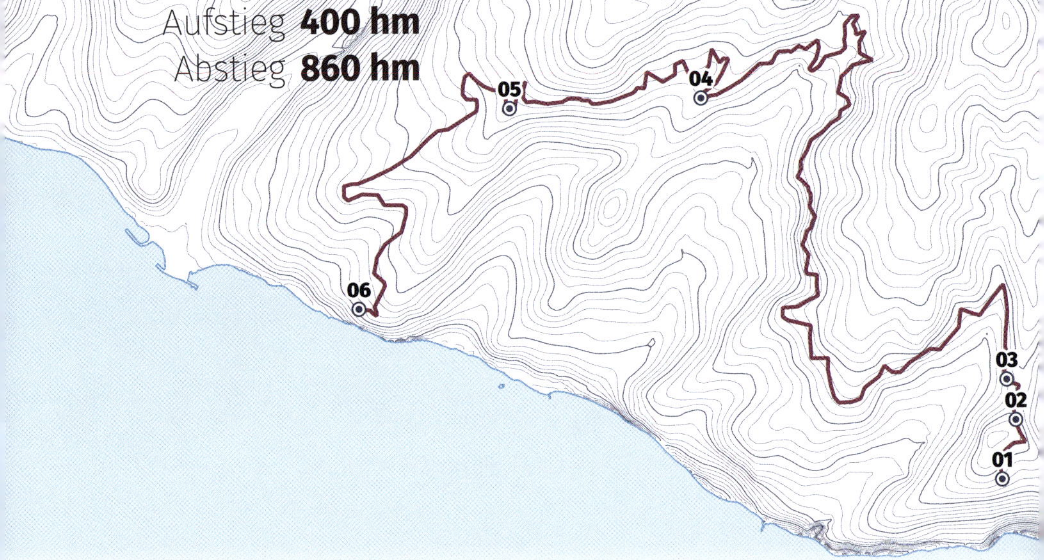

Höhenlinienmodell mit Streckenverlauf

Höhenprofil

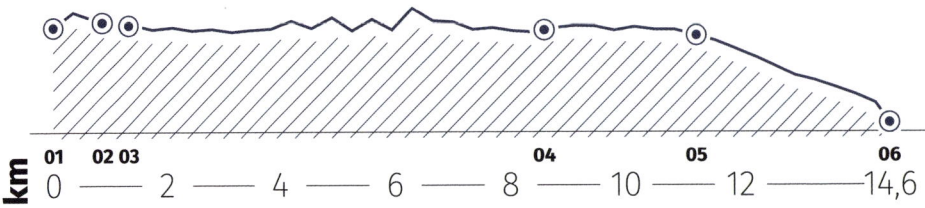

Die Levada do Norte unterquert den schönen Aussichtspunkt Cruz de Caldeira über eine Tunnelstrecke. Er teilt die Tour an der Levada in zwei Hälften. Wir wenden uns heute dem westlichen Abschnitt zu, der bis nach Boa Morte reicht.

▶ Vom Parkplatz Cabo Girão **01** nehmen wir zunächst die breite Steintreppe an der Nordseite 🔲. Wir steigen über sie hinab zur Kreuzung mit der ER 229 nach Cruz de Caldeira **02**. Links um die Bar herum erwartet uns eine Betonpiste, die nach einer Spitzkehre zum Erdweg Vereda da Furnas wird. Er bringt uns fast eben zum westlichen Portal des Levadatunnels und somit zum Levadaeinstieg **03**.

Unser Wasserkanal biegt im rechten Winkel in den Hang ein; dabei wird er von einem Pfad begleitet, dem wir gegen die Fließrichtung folgen. Anfangs parallel zur ER 229 folgt die Levada bald im Taleinschnitt der Linkskurve der Straße. Hier steigen wir zu ihr hinauf, da im steilen Gelände kein Platz für einen Weg ist. Wenig später hinter der Kurve taucht die Levada aus der Tiefe, noch von Betonplatten verdeckt. Wir erkennen unseren Weg deutlich und folgen dem Gerinne, das in einer Rechtskurve wieder offen durch die Landschaft zieht. Gemütlich wandern wir durch die Kulturlandschaft, stets mit Blick auf die ER 229. Nach einer Straßenquerung gelangen wir zu einer Levadaanlage.

Wir sind nun schon gut eine Stunde unterwegs, dann fällt allmählich das Gelände in einem Taleinschnitt etwas steiler ab. Wir durchwandern im folgenden Abschnitt den Hangeinschnitt. Elegant schlängelt sich der Kanal durch das gestufte Gelände, vorbei an Ackerterrassen. Nach einem Eukalyptuswald zieht er immer tiefer in den Hangeinschnitt. Dann überqueren wir den Bachlauf der Ribeira do Camanário und durchstreifen erneut einen Eukalyptuswald talauswärts.

Eindeutig und nicht schwierig führt uns der Weg in die weitläufigeren Hänge oberhalb von Campanário hinein. Einen Hangrücken umrunden wir in einem weiten Bogen, dann führt eine Straße über den Kanal. Hinter einer 180°-Biegung und nach einem Levadahaus wandern wir in einen weiteren Taleinschnitt hinein. Hier kommen wir zu einem Fußballplatz. Kurz darauf gelangen wir wieder an den gegenüberliegenden Hang mit Feldterrassen. Noch einmal überqueren wir eine schmale Straße, dann wechseln sich bewaldete und offene Abschnitte ab. Nach gut zweieinhalb Stunden Gehzeit gelangen wir kurz nach dem dritten Levadahaus nach Boa Morte **04**.

Hier endet die Wanderung entlang der Levada do Norte West. Über einen Weg abwärts erreichen wir die Snackbar Pinheiro **05** und die Asphaltstraße. Sie führt uns durch eine Spitzkehre hindurch, bis wir an der Straßenkreuzung von Boa Morte zur Bushaltestelle kommen. Man könnte dann noch weiter bis nach Barreiras **06** wandern.

17 Botanische Genusstour

Der Lorbeerwald von Chão dos Louros ist ein Teil des europäischen Schutzgebietes Natura 2000. Es ist das größte grenzüberschreitende, koordinierte Schutzgebietsnetz weltweit und dient zur Erhaltung gefährdeter oder typischer Lebensräume und Arten.

Bilder von**: Thomas Kargl @maxlsbilderbuch**

Vereda do Chão dos Louros

Tourencharakter
Einfacher und sehr kurzer Rundweg über schattige Waldwege. Die Route ist mit Wegweisern und gelb-roten Markierunspflöcken gekennzeichnet.

Start und Ziel
Chão dos Louros, am Parkplatz an der Straße. Er befindet sich nach einer Links- und zwei darauffolgenden Rechtskurven am südlichen Straßenrand der ER 228. Von São Vicente über die VE 4, bei Rosario weiter über die ER 228 immer Richtung Süden.

Schwierigkeit: **leicht**
Dauer: **0:50 h**
Länge: **1,6 km**
Aufstieg **30 hm**
Abstieg **30 hm**

Höhenlinienmodell mit Streckenverlauf

Höhenprofil

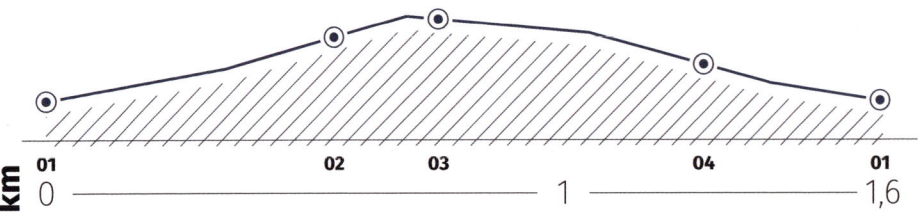

Der PR 22 ist ein knapp 2 km langer Rundweg, der die vielfältige und seltene Vegetation des Gebietes unterhalb des Encumeada-Passes erschließt. Die Inselregierung hat den Weg nur eineinhalb Kilometer unterhalb des Passes angelegt. Er befindet sich im Bereich der ER 228 Richtung Rosário und São Vicente und schließt den dort bereits bestehenden Picknickplatz Chão dos Louros mit ein.

Um den ursprünglichen Bewuchs und die seltene Pflanzenwelt der Insel zu erkunden, ist man hier genau an der richtigen Stelle: Die Gegend rund um den Pass zählt für solche Entdeckungstouren zu den besten Madeiras. Gerade hier hat sich der Lorbeerwald

aufgrund der hohen Feuchtigkeit und der Topografie besonders gut entwickelt. Hier finden wir auch den endemischen Prächtigen Natternkopf (Echium nervosum), der nur am Madeira-Archipel vorkommt. Doch auch Wolfsmilcharten, Madeira-Lorbeer, Wachsmyrte und Stechpalme bleiben dem aufmerksamen Wanderer nicht verborgen.

▶ Hinter unserem Ausgangspunkt am Parkplatz an der ER 228 befindet sich die Freizeit- und Picknickanlage Chão dos Louros **01**, ein viel und gern besuchter Ort im Sommer, sowohl von Einheimischen wie auch Touristen. Der Name leitet sich von den vielen Lorbeerbäumen ab, die hier einen subtropischen Bergwald aus immer-

grünen Bäumen wie dem Kanarischen Lorbeer, dem Stinklorbeer und der von den Azoren stammenden Indischen Persea bilden. Unser Rundweg mit der Nummer PR 22 ist gut ausgeschildert. Wir durchstreifen während der Wanderung das als Parque Florestal do Chão dos Louros ausgeschilderte Schutzgebiet. Es gehört zu den Natura 2000-Schutzgebieten und weist auf die wichtige Funktion dieses Areals für den Artenschutz hin und auf die Zugehörigkeit zum europäischen Netzwerk gemeinschaftlicher Schutzgebiete.

Wir wenden uns nach rechts und gehen im Uhrzeigersinn bald nach dem Picknickplatz in ein kleines Bachtal **02**. Es geht über einen Bachlauf auf einem Holzsteg. Am anderen Ufer bringt uns ein Pfad Richtung Norden. Wir passieren einen Stolleneingang und erreichen bald die erste Querung der ER 228 **03**. Nach nur 200 Metern zweigt der PR 21 nach links ab; er führt zum Encumeada-Pass hinauf und kann bei Anreise mit dem Bus als alternative Anmarschroute verwendet werden. Wir halten uns rechts und durchstreifen den sattgrünen Lorbeerwald **◯**. Über ein paar Serpentinen kurz hinauf queren wir ein zweites Mal die ER 228 **04**. Dann erreichen wir auf der gegenüberliegenden Seite wieder den Picknickplatz Chão dos Louros **01**.

18 Levadafreuden für Pflanzenliebhaber

Die Levada Norte läuft eben am Encumeada-Pass und überrascht uns mit exotischen Pflanzen wir der Afrikanischen Liebesblume. Gerade deshalb wird sie oft von Blumen- und Pflanzenfreunden besucht.

Bilder von: **Thomas Kargl @maxlsbilderbuch**

Levadas am Encumeada-Pass

Tourencharakter
Einfache Levadatour auf ebenen Wanderwegen. Bei der 10-minütigen Tunnelquerung benötigen wir eine Lampe. Abschüssige Stellen im Folhadal sind gesichert. Schwindelfreiheit ist dennoch vorteilhaft.

Start und Ziel
Encumeada-Pass an der ER 110.

Schwierigkeit: **mittel**
Dauer: **1:30 h**
Länge: **2,9 km**
Aufstieg **10 hm**
Abstieg **10 hm**

Höhenlinienmodell mit Streckenverlauf

Höhenprofil

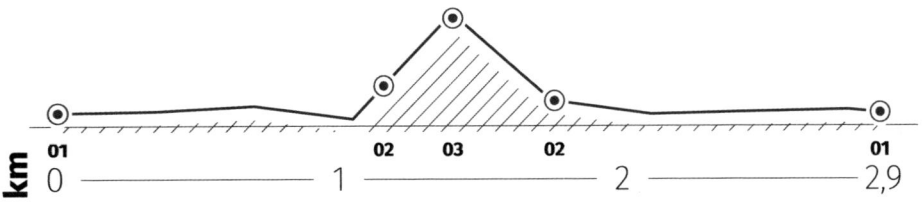

Von der Boca de Encumeada geht die Straße ER 110 in die Hochebene Paúl da Serra aus. Die gebirgige Landschaft bietet eindrucksvolle Panoramen, die sämtliche Gipfel des zentralen Gebirges beinhalten. Für Wanderer ist besonders der Wanderweg entlang des Hauptkamms Richtung Pico Ruivo. Nordwärts bietet sich die Möglichkeit, der Levada do Norte ins Tal von Folhadal zu folgen. Es ist eines der besten Gebiete für Pflanzenfreunde. Hier blühen Afrikanische Liebesblumen und andere Raritäten. Auf gut 1.000 m Seehöhe gibt es praktisch keine An- und Abstiege.

▶ Die Levada do Norte zieht sich zunächst durch den Südhang des Zentralgebirges und beginnt direkt unterhalb des Schnittpunktes der Straßen. Am Encumeada-Pass **01** folgen wir entweder dieser Levada durch einen langen Tunnel ins Folhadal oder wir bleiben in den Südhängen. Eine Erkundungstour zur Levada das Rabaças Richtung Lombo deo-Mouro bietet sich an.

Hinter dem Wasserhäuschen und einer Rechenanlage gelangen wir nach einer Viertelstunde an das Südportal des Tunnels **02** ◻. Er leitet die Levada do Norte durch den

Hauptkamm und trifft hier auf die Levada das Rabaças. Der Tunnel verläuft gerade. Die Taschenlampe griffbereit (wir bewegen uns hier gut zehn Minuten in der Dunkelheit) wagen wir uns durch den finsteren Gang. Vorsicht bei Engstellen und feuchten Passagen! Dann treten wir durch das Nordportal. Während auf der Südseite karger Bewuchs herrscht, erwarten uns hier urwüchsige Lorbeerwälder.

Aushängeschild ist der Maiblumenbaum: Das ist ein Lorbeergewächs, das auf der Insel nur hier vorkommt. Seine weißen Blüten ähneln sehr den Maiglöckchen. Von ihm er-

hielt das Tal auch seinen Namen. Unmittelbar neben der Levada wachsen Afrikanische Liebesblumen. Der Kanal bringt uns durch den steilen, sattgrünen Hang. Teils ist er mit Geländern gesichert oder so breit, dass keine Schwindelgefühle aufkommen können.

Eine Dreiviertelstunde später durchschreiten wir ein markantes Felstor. Kurz darauf stürzt ein Wasserfall zur Levada herab. An einem weiten Tunneleingang haben wir das Folhadal **03** erreicht. Hier endet unsere kurze Wanderung. Auf derselben Route kehren wir zum Encumeada-Pass **01** zurück.

19 Von Küstenort zu Küstenort

Die Levada do Norte ist ein Weg mit fantastischen Aussichten, während er uns von Ponta do Sol nach Ribeira Brava geleitet. Unser Ziel ist touristisch weitaus attraktiver, als es auf den ersten Blick vermuten lässt.

Bilder von: **Thomas Kargl @maxlsbilderbuch**

Entlang der Levada Nova

Tourencharakter
Lange Levadawanderung. Viele Auf- und Abstiege auf teilweise sehr steilen, betonierten Dorfstraßen. Keine eindeutige Markierung vorhanden, daher brauchen wir gutes Orientierungsvermögen.

Start und Ziel
Bushaltestelle in Ponta do Sol oberhalb des zentralen Kreisverkehrs gut 500 Meter landeinwärts. Zufahrt über die VE3 an der Küste entlang. Rückfahrt von Ribeira Brava mit dem Taxi.

Schwierigkeit: **mittel**
Dauer: **4:45 h**
Länge: **13,7 km**
Aufstieg **450 hm**
Abstieg **450 hm**

Höhenlinienmodell mit Streckenverlauf

Höhenprofil

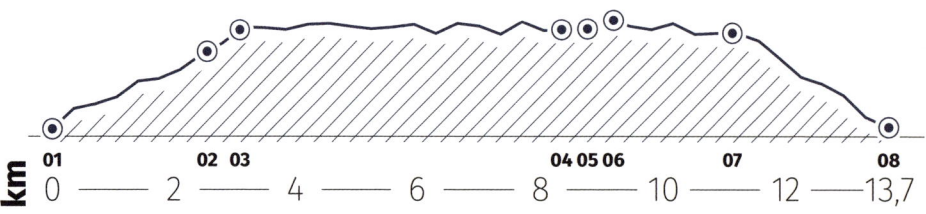

▶ Von der Bushaltestelle in Ponta do Sol **01** gehen wir oberhalb des zentralen Kreisverkehrs circa 500 Meter landeinwärts. Wir folgen der Straße bis zum Eingang des Hotels Estalagem da Ponta do Sol hinab. An seinem Parkplatz schwenken wir nach links, laufen kurz die Straße entlang und biegen an der Auffahrtsrampe zum Hotel rechts auf den Caminho de Santo Amaro ein. Steil bringt er uns den Hang hinauf. An einem gelben Häuschen kommen wir zur ER 222. Auf der anderen Straßenseite folgen wir einem Treppenweg in den Ortsteil Lombada **02** hinauf. An der Dorfstraße Caminho do Pico do Melro wenden wir uns nach links hinauf. An der breiteren Straße wandern wir ein kurzes Stück entlang, dann zweigt links der Caminho da Calcada ab. Die betonierte Dorfgasse bringt uns wieder zur breiten Fahrstraße bei einer Bar. Hier geht es nach links, um etwas oberhalb bei einer weiteren Bar auf den Caminho da Volta do Engenho zu wechseln. Auf ihm steigen wir weiter sehr steil durch Gärten hindurch zur Pfarrkirche Capeda do Esmeraldo hinauf 🔘.

Direkt neben der Kirche sehen wir ein altes, madeirensisches Landhaus – die rosafarbene Quinta João Esmeraldo. Hier wechseln wir auf den Weg zur Levada Moinho, der durch einen Wegweiser angekündigt wird. Weiter geradeaus auf der Straße passieren wir bald eine Bar und wenig später eine T-Kreuzung: Ein Wegschild weist uns nach links auf die Levada Nova. Der steil aufwärtsführende Caminho das Pedras/Pereirinha führt uns unmittelbar an den Rand des Tales des Ribeiro da Ponta do Sol. Die Straße bringt uns weiter aufwärts, bis in einer markanten Rechtskurve eine Treppe abzweigt. Kurz darauf treffen wir auf den Einstieg zur Levada Nova **03**.

Nach ein paar Häusern gelangen wir an die breite Fahrstraße; nun wandern wir die nächsten 8 km an der Levada Nova entlang. Bei ei-

ner Straßenquerung müssen wir einige Meter nach links zurück. Die Levada findet hingegen ihren Weg durch ein gelbes Haus. Nur wenig später, nach dem Haus, kehren wir über Treppen zum Kanal zurück. Um den Hangrücken erreichen wir bald das Tal Ribeira da Caixo. An Feldterrassen vorbei und durch ein kurzes Tunnelstück hindurch gelangen wir schließlich zum Talschluss, der von einem tosenden Wasserfall beherrscht wird. Aufgrund der fehlenden Metallbrücke müssen wir circa 150 Meter vorher bei einem grünen Pfeil auf der

Levadamauer nach rechts auf einen schmalen, teils rutschigen Wiesenpfad wechseln. Er bringt uns ins Tal hinab, überquert den Bach und steigt dann wieder zur Levada hinauf. Wir wenden uns nach rechts und wandern mit weitreichenden Blicken wieder aus dem Tal hinaus.

Eine Asphaltstraße unterbricht nochmals die Strecke. Ein brauner Wegweiser zeigt auf die Levada. Sie muss 100 Meter später nach oben umgangen werden und tritt nach der

Querung einer weiteren Straße in den West-
hang des Tabua-Tales ein. Nun schlendern
wir ohne größere Schwierigkeiten auf das ver-
steckt im Talschluss liegende Ribeiro da Tabua
zu. Davor überqueren wir einen Seitenbach
über eine Metallbrücke **04**. Dann steigen wir
über Betontreppen zur Straßenbrücke hinauf
und gelangen in die aus wenigen Häusern be-
stehende Ortschaft Ribeiro da Tabua **05**.

Es geht über den Bachgraben hinüber und auf
der Fahrstraße nach unten. Sie quert wenig

später den Verlauf der Levada. Dann führt uns
der Begleitweg nach links durch einen schattigen Hain aus Kastanien in den abschüssigeren
Osthang. Wir überqueren ein weiteres Mal
eine Brücke **06**; ein paar wenige luftige Passagen danach werden durch ein grünes Eisen-
geländer geschützt. Falls uns der Abgrund zu
schwindelerregend wird, haben wir auch die
Möglichkeit, auf die hangseitige Levadamauer
zu wechseln, um diese Abschnitte so zu bewältigen. Nach einem zehn Meter langen Fels-
korridor, der von der Levada durchschnitten

wird, erreichen wir ein weiteres Geländer. Die 70 Meter lange Felsröhre endet mit einem betonierten Portal. Danach überqueren wir die Straße.

Wir machen uns nun an den letzten Abschnitt der Levada Nova. Er bringt uns an leicht luftigen, mit Geländern versicherten Passagen vorbei. In einer markanten Linkskurve umrunden wir den Hangrücken, auf dem ein auffälliges, schwarzes Haus steht. Dann wandern wir entlang der Steinmauer, teils bis zu einem Meter unterhalb der Levadarinne. An einem kleinen, weißen Haus befindet sich unmittelbar das Ende der Levada Nova und somit der Levadaausstieg **07**. Wir kommen zu einer Dorfgasse, die links hinauf zu einer Bushaltestelle führt und rechts hinab nach Ribeira Brava. Wir überqueren dreimal die Fahrstraße. An der vierten Einmündung folgen wir ihr dann einige Meter nach links. Der Weg geradeaus ist eine Sackgasse. Ein Treppenweg

zweigt rechts zur Kirche von Apresentação hinunter, danach bringt uns ein Fußweg wieder Richtung Fahrstraße, die wir ein fünftes Mal kreuzen. Über eine Treppe erreichen wir den Caminho do Manuel Germano. Er führt nach wenigen Metern wieder auf die Fahrstraße.

Wir wenden uns nach links, gehen ein paar Hundert Meter hinab und biegen 150 Meter nach der Snack-Bar Rio links in den Poço Caminho ein. Kurz geht's hinauf zum Cainho da Cruz, ein kleines Stück als Fahrstraße, dann geht er in einen sehr steilen Betonweg über. Rasant zieht er sich durch die Hänge, nach einer S-Kurve trifft er über eine Treppe auf die ER222. Links, durch eine 180°-Kurve geht's nun hinab, nach wenigen Minuten weichen wir nach links auf den Saumpfad aus. Er begleitet uns hinunter nach Ribeira Brava **08**. Am Parkhaus überqueren wir nach links das Bachbett und erreichen so die schattige Uferpromenade des Ortes.

20 Nervenkitzel an der Levada Nova

Abwechslungsreich, atem(be)raubend, doch stets gut gesichert. Stellenweise balancieren wir sogar nur auf der Kanalmauer. Da wird die Wanderung nicht langweilig. Als letztes Highlight wartet sogar noch ein Wasserfall.

Bilder von: Thomas Kargl @maxlsbilderbuch

Levadas bei Ponta do Sol

Tourencharakter
Zunächst breite Wege, dann geht's ausgesetzter und erodiert über einen Steig an der Levada do Moinho entlang. Hier hilft Trittsicherheit und Schwindelfreiheit. Die Levada Nova dagegen ist mit Geländern und Drahtseilen gut gesichert.

Start und Ziel
Lombada oberhalb von Ponta do Sol. Von Ponta do Sol über die ER 222. Die Estrada Nova da Lombada bringt uns in das Örtchen. Eine öffentliche Busverbindung gibt es nur bis Tabua oder Ponta do Sol.

Schwierigkeit: **schwer**
Dauer: **3:00 h**
Länge: **7,3 km**
Aufstieg **110 hm**
Abstieg **110 hm**

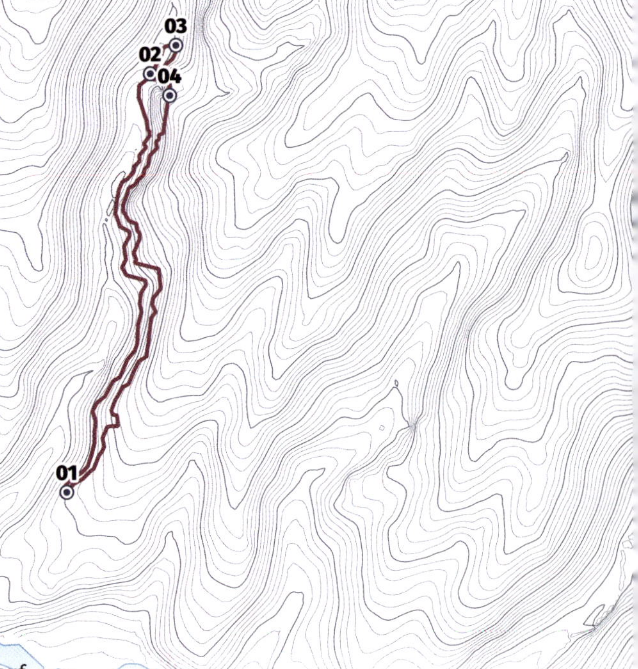

Höhenlinienmodell mit Streckenverlauf

Höhenprofil

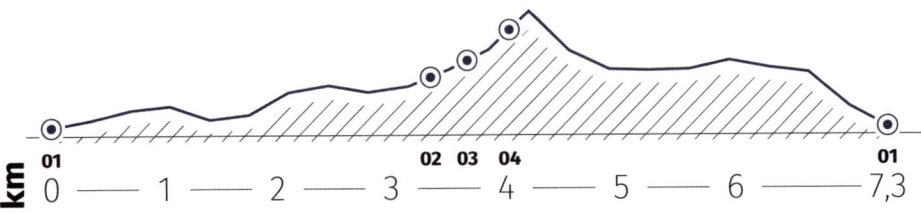

Lombada hält gleich zwei schöne Möglichkeiten für eine Kanalwanderung für uns bereit: Die Levada Nova und eine zweite, aber weit schwierigere Kanalwanderung. Ihre „madre" befindet sich im wildreichen Tal der Ribeira da Ponte do Sol, das jedoch nur für trittsichere und schwindelfreie Wanderer erreichbar ist.

▶ Oberhalb von Ponta do Sol befindet sich Lombada **01** auf rund 320 m Seehöhe am Ausgang des tief eingeschnittenen Tales der Ribeira do Ponta do Sol. Aus der Blütezeit des Zuckerrohranbaus stammt noch das alte Herrenhaus Quinta João Esmeraldo. Hier starten wir mit unserer Tour. Gegenüber dem Gebäude finden wir die Kapelle

Espírito Santo, in der der ehemalige Besitzer der Quinta, der flämische Gutsherr João Esmeraldo, bestattet ist.

Hinter dem Gotteshaus treffen wir nach der Durchquerung des Tores auf die Levada do Moihno. Ihr entlang gehen wir der Fließrichtung entgegen taleinwärts, bleiben dabei aber noch immer innerhalb der Kulturterrassen. Wir wandern auf den engen Talgrund zu und passieren dabei immer wieder stark ausgesetzte Stellen. Es gibt auch einige Passagen, die stark unterspült oder abgetragen sind. Hier weichen wir auf die schmale Levadamauer aus. Über eine Stunde später halten wir nach dem Verbindungsweg Ausschau, der über Treppen gut dreißig Höhen-

meter steil zur Levada Nova **02** hinaufführt. Wenn wir sie erreicht haben, haben wir die Möglichkeit nach links an einem Wasserbecken **◯** vorbei bis zur Quelle der Levada Nova **03** zu gehen. Sie liegt fast gleichauf mit dem Niveau des Talbodens. Der Rückweg führt uns an der Levada Nova entlang talauswärts. Sie verläuft eine Etage über der Levada do Moinho und wird durch Geländer und Seile gesichert.

Schließlich gelangen wir an die spektakulärste Stelle der Wanderung. Der in den Felsen gehauene Weg führt in einer ausgewaschenen Rinne hinter einem Wasserfall **04** hindurch. Jetzt wird es richtig feucht – klug diejenigen, die eine Regenjacke eingepackt haben. Nach dem Wasserfall bewältigen wir

in leicht gebückter Haltung einen rund 200 Meter langen, zur Levada hin offenen Tunnelgang. Eine Stirnlampe schafft hier erhebliche Erleichterung. Über eine Stahlbrücke umgehen wir eine überhängende Felswand. Anschließend gehen wir auf der rund 40 cm breiten Levadamauer aus dem Tal hinaus. Abschüssige Stellen sind hier gut durch Drahtseile und Geländer gesichert. Wieder im terrassierten Kulturland rückt die Kapelle von Lombada **01** wieder in unser Blickfeld und kündigt das Ende dieser abwechslungsreichen und zugleich anspruchsvollen Runde an. Über eine Treppe steigen wir zur asphaltierten Straße Caminho das Pedras/Pererinha hinunter. Ihr folgen wir abwärts zurück zum Landhaus Quinta Solar dos Esmeraldos.

21 Im Bannkreis uralter Lorbeerbäume

Unterwegs begegnet uns eine zauberhafte Landschaft mit altehrwürdigen Lorbeerbäumen. Die alten Riesen sind mit Flechten und Farnen bewachsen, und hell und saftig strahlt das Grün der üppigen Wiesen – Zeichen dafür, dass hier öfters der Passatnebel Feuchtigkeit mit sich bringt.

Bilder von: Thomas Kargl @maxlsbilderbuch

Fanal

Tourencharakter
Kurze und einfache Wanderung über Wiesenpfade Treppenwege und über Erdpisten. Im nördlichen Teil ohne Markierungen.

Start und Ziel
Forsthaus Fanal. Es liegt direkt an der ER 209. Keine öffentlichen Verkehrsmittel
zum Ausgangspunkt.

Schwierigkeit: **mittel**
Dauer: **2:00 h**
Länge: **5,3 km**
Aufstieg **200 hm**
Abstieg **200 hm**

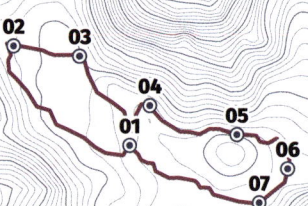

Höhenlinienmodell mit Streckenverlauf

Höhenprofil

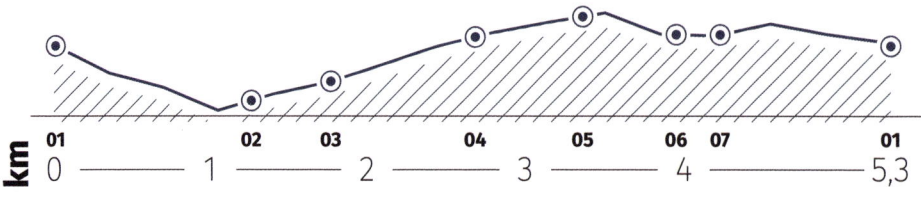

Ziel unserer heutigen Wanderung ist die wunderschöne Landschaft von Fanal am nördlichen Rand der Hochebene von Paúl da Serra. An schönen Tagen können wir bei klarer Sicht die Blicke über die Landschaft schweifen lassen. Dann lädt die eigenwillige Hochebene zu einer gemütlichen, fast lyrischen Rundwanderung ein, die im Nordteil über unmarkierte Wiesenpfade und auf dem Weg nach Paúl de Serra über die markierte Route PR 13 verläuft.

▶ Von den Parkplätzen beim Forsthaus Fanal **01**, gut 400 Meter östlich der ER 209, geht's am Grillplatz vorbei nach Nordwesten über die Wiesen **◯**. Ein deutlich sichtbarer Wiesenpfad begleitet uns über das sanfte Weidegelände. In der nordwestlichen Ecke stoßen wir auf einen Kratersee **02**. Links am See vorbei erreichen wir eine Fahrstraße. Wir folgen ihr ein paar Meter, dann nehmen wir den Schotterweg nach rechts. Er bringt uns am Waldrand entlang und einem

kleinen See vorbei zum Kammrücken; hier zweigt der Pfad zum Cubo do Moinho **03** ab, wir halten uns Richtung Forsthaus.

Ein wenig oberhalb empfängt uns der Wanderweg PR13, der uns an einem Wegweiser vorbei und über Holzbohlentreppen an einen offenen Wiesenrücken samt Aussichtspunkt **04** bringt. Mit einem Schwenk nach rechts kommen wir an Ginster und Adlerfarn vorbei Richtung Gipfel des Pedreira **05**. Über einen schmalen Pfad wandern wir seitlich am Gipfel vorbei und steigen durch Gebüsch und Adlerfarnfluren und einem Lorbeerwäldchen bis zum Wegweiser **06** an der Schotterstraße. Wir wenden uns nach rechts und wandern bald auf einer Erdpiste über einen Sattel. Danach gehen wir auf einem alten, grasbewachsenen

Fahrweg bis zu einer Weggabelung **07**. Ein schöner Wanderpfad führt nach links Richtung Hochebene Paúl da Serra. Von hier aus gibt es auch eine gut markierte Route in einen herrlichen Lorbeerwald. Dort befindet sich auch eine Aussichtskanzel, von der aus man auf das Tal von São Vicente blicken kann.

Bei der Weggabelung **07** wandern wir auf der Straße weiter. Jetzt ist es noch gut eine halbe Stunde bis zum Forsthaus Fanal. Unterwegs kreuzen wir eine Wiesensenke, nach der von links eine Schotterstraße einmündet. Wir befinden uns wieder im Pedreira. Hier wechselt die Straße auf Asphalt, kurz darauf biegt ein Erdweg nach rechts ab. Er führt uns nur wenige Hundert Meter zurück zum Forsthaus Fanal **01**.

22 Einer der größten Wasserfälle der Insel

Vielerorts begegnen wir dem Wasser auf der grünen Insel. Die schleierartige Wasserkaskade des Risco-Wasssserfalls über dem paradiesischen Felsenkessel ist jedoch schon ein besonderer Hingucker.

Bilder von: **Thomas Kargl @maxlsbilderbuch**

Risco-Wasserfall

Tourencharakter
Bequemer und breiter Levadaweg mit guter Beschilderung. Eine der meistbegangenen Routen der Insel.

Start und Ziel
Parkplatz oberhalb der „Posto Flores Rabaçal", unmittelbar an der ER110. Hier fährt ein gebührenpflichtiger Shuttlebus, mit dem wir die Wanderung einfach um 2,3 km verkürzen können.

Schwierigkeit: **leicht**
Dauer: **2:15 h**
Länge: **6,2 km**
Aufstieg **240 hm**
Abstieg **240 hm**

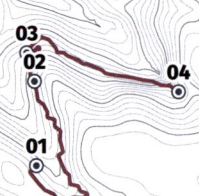

Höhenlinienmodell mit Streckenverlauf

Höhenprofil

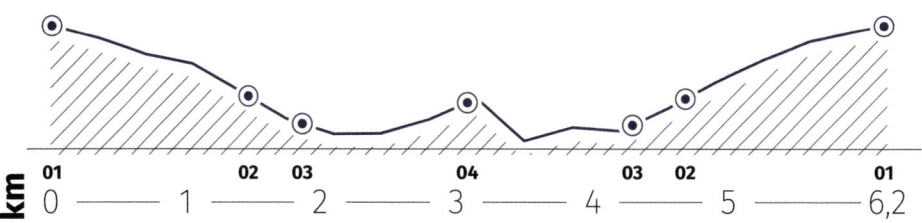

Die Forststation von Rabaçal dient als Schnittpunkt vieler klassischer Wanderrouten. Sie liegt 2,3 km von der Hauptstraße entfernt. Landschaftliche und naturkundliche Reize bieten sich uns dabei im Überfluss.

▶ Viele unerwartete und reizvolle Bilder und Eindrücke streifen wir auf der schönen Wanderung, die lediglich durch den Andrang an Wanderern gestört werden können. Die Route selbst folgt breiten Waldwegen und einer gut gesicherten Levada-

rechts. Der Wegweiser „Risco-Wasserfall" leitet uns dann abwärts. Kurz darauf kommen wir auf die Levada do Risco **03**. Wir folgen ihr entgegen der Fließrichtung. Auf stets schattigen Wegen folgen wir den dicht mit Lorbeerwald bewachsenen Hängen. Nach 600 Metern halten wir uns an der Gabelung geradeaus; links zweigt der Steig zu den 25 Quellen ab. Zum jetzigen Zeitpunkt haben wir bereits die Hälfte des Weges absolviert. Nach 20 Minuten erreichen wir einige Meter vor Ende des Weges eine Steinmauer. Linker Hand steigt eine Erdrampe zu einem Levadastollen hinab. Unser Weg führt uns jedoch auf der mit einem Geländer gesicherten Steinmauer zur Aussichtsplattform 📷 vor dem Risco-Wasserfall **04**.

Wir haben das Ende des offiziellen Weges erreicht. Er setzte sich in früheren Zeiten zu einer Tunnelpassage fort, die hinter dem Wasserfall zu einem Aussichtsbalkon in der Steilwand führte. Er lag auf der gegenüberliegenden Seite hoch über der Schlucht. Der Abschnitt wurde jedoch aus Sicherheitsgründen gesperrt. Von jeder Seite rieselt und tropft es herab – in Kaskaden oder kleineren Rinnsalen. Wer ein wenig näher an den Wasserfall heranrücken möchte sollte sich auf ein feuchtes Vergnügen gefasst machen. Aus diesem Wasser entsteht der rauschende Wildbach; er hat sich bereits tief in die Felsen eingeschnitten und ein schluchtartiges Tal hinterlassen. Unser Weg zurück zum Forsthaus Rabaçal **02** und weiter zum Parkplatz an der ER 110 **01** verläuft über die gleiche Route wie der Hinweg.

strecke. Alle abschüssigen Passagen sind mit Geländern versichert. Vom Ausgangspunkt, dem Parkplatz an der ER 110 **01**, dauert die Tour nur maximal eineinviertel Stunden ohne Shuttlebenutzung. Dafür bringt sie uns der Vegetation der Insel noch näher und gibt Einblicke in die Flora und Fauna, wie sie sich früher über das gesamte Eiland erstreckte. Der Weg vom Forsthaus ist flach und eben. Er kann also auch problemlos mit einem geländegängigen Kinderwagen begangen werden. Für Radfahrer ist der Weg jedoch tabu. Zu viele Wanderer tummeln sich hier.

Unmittelbar beim Forsthaus Rabaçal **02** beginnt unser Weg; der Wegweiser PR6.1 schickt uns beim kleinen Parkplatz nach

23 Liebliche Levadawanderung

Die Levada do Paúl führt durch grasige Hochfläche und Weideland. Oft öffnet sich der Blick, da durch Waldbrände im Sommer 2016 große Teile abgebrannt sind.

Bilder von: Thomas Kargl @maxlsbilderbuch

Die Levada do Paúl

Tourencharakter
Bequeme Wege entlang einer ebenen Levadaleitung. Keine ausgesetzten Stellen, daher auch bei Nässe oder Schlechtwetter gut begehbar.

Start und Ziel
Parkplatz an der Zufahrtsstraße nach Rabaçal, direkt an der ER 110.

Schwierigkeit: **leicht**
Dauer: **3:00 h**
Länge: **12,8 km**
Aufstieg **60 hm**
Abstieg **60 hm**

Höhenlinienmodell mit Streckenverlauf

Höhenprofil

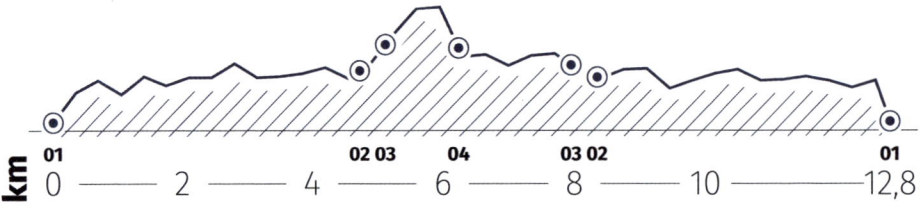

Auf der heutigen Route dürfen wir uns durchgehend auf die Landschaft und die tollen Aussichten konzentrieren. Manchmal könnte das Wetter als Spielverderber erweisen: Hier am Rand der Hochfläche Paúl de Serra ist es zeitweise unberechenbar. Nachmittags fällt unvorhergesehen Neben ein, der ab und an von einem scharfen Wind begleitet wird. Hält man sich auf dem Weg, ist ein Verirren jedoch ausgeschlossen.

Die Levada ist zwar nicht so spektakulär, dafür begegnet man nur selten anderen Wanderern und hat auf dem Weg größtenteils seine Ruhe. Es gibt jedoch viele freilaufende Kühe, die den Begleitweg zum Viehpfad umfunktionieren. Die Levada führt an der Südkante der Hochebene entlang. Die Landschaft die wir durchwandern erinnnert oft an Almhochflächen oder an das schottische Hochland.

▶️ Hinter Rabaçal starten wir am Parkplatz **01** an der Zufahrtsstraße. Gegen-

über, am südlichen Straßenrand, erblicken wir ein großes Wasserbecken. An seiner Ostseite leuchtet die kleine Kapelle Nossa Senhora da Fátima aus dem Ginstergebüsch. Hier bringt uns die Levada do Paúl in die Südhänge der Hochfläche. Wir wandern entgegen der Fließrichtung und benützen den schmalen Erd- und Wiesenpfad. Er begleitet den Kanal an seinem Ufer. Über einige sanfte Kurven schlängelt sich die Levada durch die Hänge. Bei der Fahrstraße nach Arco da Calheta wird die Route unterbrochen. Danach genießen wir den gemächlichen Spaziergang durch die ginsterbewachsenen Hänge.

Nach einem Taleinschnitt und ein paar Viehunterständen queren wir ein felsiges Bachbett. Dann wandern wir durch einen etwas tieferen Hangeinschnitt. In der zweiten Hälfte steigen die Hänge steiler an. Wir wandern schon eine Stunde und passieren die Kuppe des 1415 m hohen

Loiral. Danach wandern wir kurz auf der Mauer der Levada und gelangen nur wenig später an die Hauptstraße Richtung Canhas. Hier befindet sich der Levadaausstieg **02**.

Ab hier könnte man auf derselben Route zum Ausgangspunkt zurückkehren. Andernfalls können wir auch noch ein weiteres Wegstück an der Levada zurücklegen. Hier wird das Gelände jedoch etwas felsiger. Wir gehen um einen Hangrücken herum und biegen links in einen Hangeinschnitt ein. Bei ein paar großen, ein-

zeln stehenden Bäumen stoßen wir auf eine alte, befestigte Straße. Sie bringt uns nach links zunächst in steilem Anstieg zur Straße nach Canhas.

Nach links gelangen wir zur Christusstatue Cristo Rei das Montanhas **03**. Hier bietet sich eine schöne Rastmöglichkeit 📷. Die Straße führt uns dann abwärts, zurück zur Levada, beziehungsweise zum Levadaeinstieg **04**. Zurück geht es dann zum Levadaausstieg **02**, wo wir dann auf bekanntem Weg zum Parkplatz **01** an der Zufahrtsstraße zurückkehren.

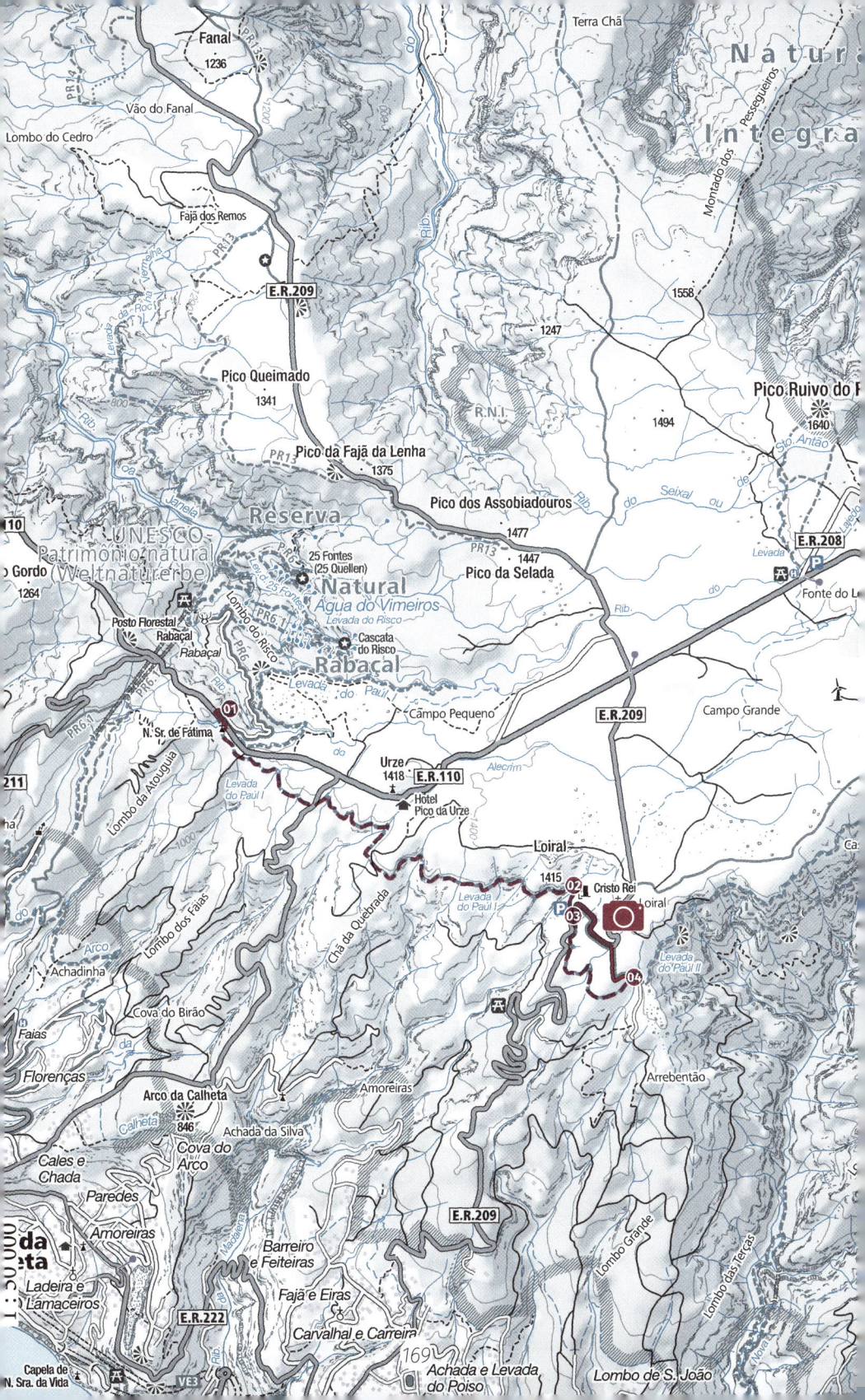

24 Subtropisches Flair

Die zarten Schleier der 25 Quellen fallen über 100 Meter in die Tiefe der kreisförmigen Schlucht. Aufgrund der hohen Luftfeuchtigkeit gedeihen hier die Farne und Moose prächtig.

Bilder von: **Thomas Kargl @maxlsbilderbuch**

25 Quellen

Tourencharakter
Einfache und ebene Levadawege, die teils aber sehr schmal werden können. Die Wege sind gut beschildert. Rutschiger Waldpfad auf dem Abstieg. Luftigen Passagen sind ausreichend mit Geländern und Seilen gesichert.

Start und Ziel
Forststation von Rabaçal. Wir können unser Auto am Parkplatz oberhalb der „Posto Florestal Rabaçal" an der ER 110 abstellen. Von hier aus fährt der gebührenpflichtige Shuttlebus.

Schwierigkeit: **mittel**
Dauer: **4:15 h**
Länge: **9,6 km**
Aufstieg **350 hm**
Abstieg **350 hm**

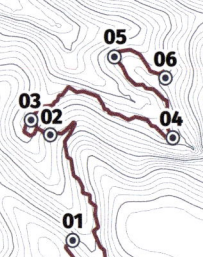

Höhenlinienmodell mit Streckenverlauf

Höhenprofil

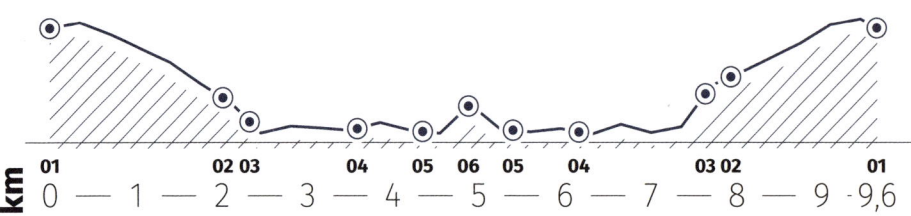

172

Der Ausgangspunkt dieser schönen Tour befindet sich an der Forststation von Rabaçal. Dafür müssen wir vom Parkplatz an der ER 110 **01** der Asphaltstraße gut 2,3 km abwärts folgen. Einer der vielen Wegweiser zeigt uns die Richtung zu den 25 Quellen (fontes): Dazu machen wir uns erst einmal zum Risco-Wasserfall auf. Der breite, ebene Waldweg führt durch einen Lorbeerwald und entlang der Levada do Risco, die wir kurz nach dem Forsthaus **02** erreichen. Circa 600 Meter weiter zweigt die Levada da 25 Fontes an einem Wegweiser nach links ab. Teils steile Serpentinen bringen uns durch den Wald hinab. Etwa 100 Höhenmeter tiefer trifft der Pfad auf den breiten Weg **03**, der von der Levada da 25 Fontes begleitet wird. Wir folgen ihm und dem Wasserlauf nach rechts.

Wir wandern fast eben auf einem breiten Weg in den Talschluss der Ribeira Grande hinein. Hier wird das Gelände bald rauer; Steintreppen bringen uns ins bizarre Flusstal hinab. Über eine breite Steinbrücke **04** überqueren wir den Bachlauf. Über ein paar Stufen beginnt der steile Gegenanstieg zurück auf die ursprüngliche Höhe der Levada, die den Kessel mit einer Tunnelstrecke in den steilen Felswänden durchquert. An einem Wasserhaus richten wir uns nach einem aus dem Boden ragenden Wasserkanal.

Mit Fortdauern der Strecke erhalten wir immer atemberaubendere Blicke auf die herrliche Inselnatur. An den schmalen Wegbändern zwischen Levada und Abgrund sind Seile zur Sicherung angebracht. Die Wanderroute folgt dem Verlauf des Hangrückens, der den nordwestlichen Hang des Tales bildet. Etwas später gelangen wir an die äußerste Spitze des Rückens **05**. Dort folgen wir weiter der Levada da 25 Fontes bis zum Eingang in den Kessel der 25 Quellen **06** 📷. Wir biegen am Wegweiser nach rechts ab und wandern in den Talschluss hinein. An seinem Grund hat sich ein kleiner See aus den Wasserfällen gebildet.

Unser Rückweg führt uns über die gleiche Route. Dabei müssen wir dem Ende zu einen Anstieg von ca. 100 Höhenmeter überwinden. Alternativ können wir bei der Weggabelung **03** ca. 900 m vor Rabaçal am unteren Levadaweg bleiben. Diesem folgen wir dann bis zum Levadatunnel. Er bringt uns auf 1,2 km unter dem Hauptkamm hindurch auf die Südseite. Taschenlampe für seine Durchquerung nicht vergessen! 200 m vor dem Tunnel geht nach links ein Pfad zum Forsthaus von Rabaçal **02** hinauf. Der Busshuttle oder ein 45-minütiger Fußmarsch bringen uns zurück zum Parkplatz an der ER 110 **01**.

25 Wilde Natur oberhalb der Ribeira de Janela

Abenteuerlich und schwer wird der Weg entlang der Levada da Rocha Vermelha, je weiter er sich ins Baumerika-Dickicht hineinzieht. Doch dafür erleben wir ein Stück unverfälschte Natur vom Feinsten.

Bilder von: **Thomas Kargl @maxlsbilderbuch**

Die Levada da Rocha Vermelha

Tourencharakter
Der Levadaverlauf ist nur leicht abfallend. In der zweiten Hälfte jedoch ausgesetzte und schmale Passagen. Trittsicherheit und Schwindelfreiheit müssen unbedingt gegeben sein. Bei Nässe ist abzuraten.

Start und Ziel
Parkplatz an der ER 110. Nur mit Mietauto oder Taxi von Rabaçal aus zu erreichen.

Schwierigkeit: **schwer**
Dauer: **5:25 h**
Länge: **16,0 km**
Aufstieg **440 hm**
Abstieg **440 hm**

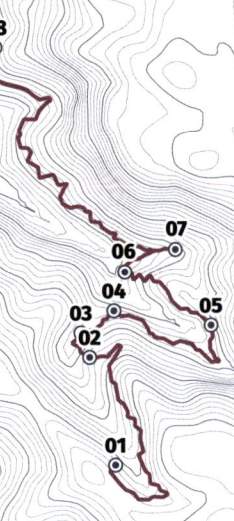

Höhenlinienmodell mit Streckenverlauf

Höhenprofil

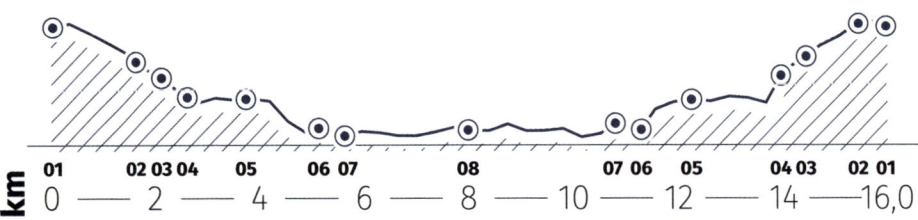

Rabaçal steht unausgesprochen für das heimliche Zentrum der Levadawanderer. Gleich vier dieser besonderen Kanalwanderungen starten hier – jeweils mit unterschiedlichen Schwierigkeitsgraden. Die Route entlang der Levada da Rocha Vermelha ist dabei wohl die anspruchsvollste davon. Der erste Abschnitt ist mit der Wanderung zu den 25 Quellen identisch. Am Forsthaus Rabaçal zerstreuen sich dann die Wege zu den diversen Wanderzielen.

▶ Am Parkplatz der ER 110 **01** führt der asphaltierte Fahrweg hinab zum Forsthaus von Rabaçal **02** 📷. Wir steigen die Treppen zum breiten Weg hinab. Er verläuft entlang der Levada do Risco **03**. Gut 150

Meter weiter halten wir uns links auf einen Steig **04**. Er bringt uns steiler zur Levada das 25 Fontes **05** hinab. Unten folgen wir dem breiten Begleitweg nach rechts gegen die Fließrichtung. An seinem Ende erwarten uns felsige Stufen, die wir nun zur großen Steinbrücke über die Ribeira Grande hinabsteigen. Ein Gegenanstieg bringt uns kurz wieder zum Wasserkanal hinauf. Der schmale Begleitpfad führt durch dickes Gestrüpp aus Baumerika. Noch ist die Route mit dem Weg zu den 25 Quellen identisch.

Eine Viertelstunde nach der Brücke suchen wir einen Pfad, der in einer markanten Rechtskurve nach links abzweigt **06**. Er führt steil hinab zum Verlauf der Levada

da Rocha Vermelha **07**. Am Schnittpunkt der Wege steht ein kleines Häuschen samt in den Fels gehauenen Unterstand. Wir wenden uns nach rechts gegen die Fließrichtung. Es sind kaum Menschen unterwegs, denn diese Levada wird selten von anderen Wanderern besucht. Im folgenden Abschnitt ist unsere Schwindelfreiheit gefragt. Der Kanal führt hoch über dem Tal der Ribeira de Janela und erwartet uns mit luftigen und auch feuchten und rutschigen Passagen.

Knapp vor der Brücke über die Ribeira dos Cedros ist die erste ausgesetzte Stelle ohne Sicherungen. Nach einigen weiteren, ungesicherten Stellen schwenkt die Levada nach links. Der Weg ist hier breit, doch sehr luftig. Dafür genießen wir hier das Levada-

wandern in seiner schönsten Form. Einsam ist es geworden, stellenweise vernehmen wir nur das Gurgeln des Wassers.

Der Weg wird nun immer abenteuerlicher. So muss jeder selbst entscheiden, wie weit er noch gehen möchte. Teilweise ist die Levadamauer nur 30 bis 40cm breit. Links geht es ungesichert steil hinab. Ein Wasserfall **08**, eine lehmige Passage oder die Felsbänder, die wir entlangwandern, verlangen den Schwindelfreien und Trittsicheren einigen Mut ab. Der Umkehrpunkt der Tour besteht aus einer extrem steilen Treppe aus gut 300 Stufen, die vom schmalen Gerinne der Levada begleitet wird. Schießlich kehren wir auf der gleichen Route zurück zum Ausgangspunkt nach Rabaçal **02** und dem Parkplatz an der ER 110 **01**.

26 Herrlicher Südwesten

Prazeres gilt als eines der schönsten Dörfer Madeiras; vor allem wegen der herrlichen Umgebung aus grünen Tälern und bewaldeten Berghängen. Doch mancherorts gibt es noch Schäden der Waldbrände von 2016.

Bilder von: **Thomas Kargl @maxlsbilderbuch**

Prazeres – Calheta

Tourencharakter
Klassische Levadawanderung. Die Belgeitwege sind gut ausgebaut. Es gibt keine ausgesetzten Stellen, der Weg ist sehr familienfreundlich.

Start und Ziel
Prazeres. Erreichbar über die ER 110. In der Haupstraße gibt es öffentliche Parkplätze. Busverbindung Nr. 107 von Funchal nach Prazeres.

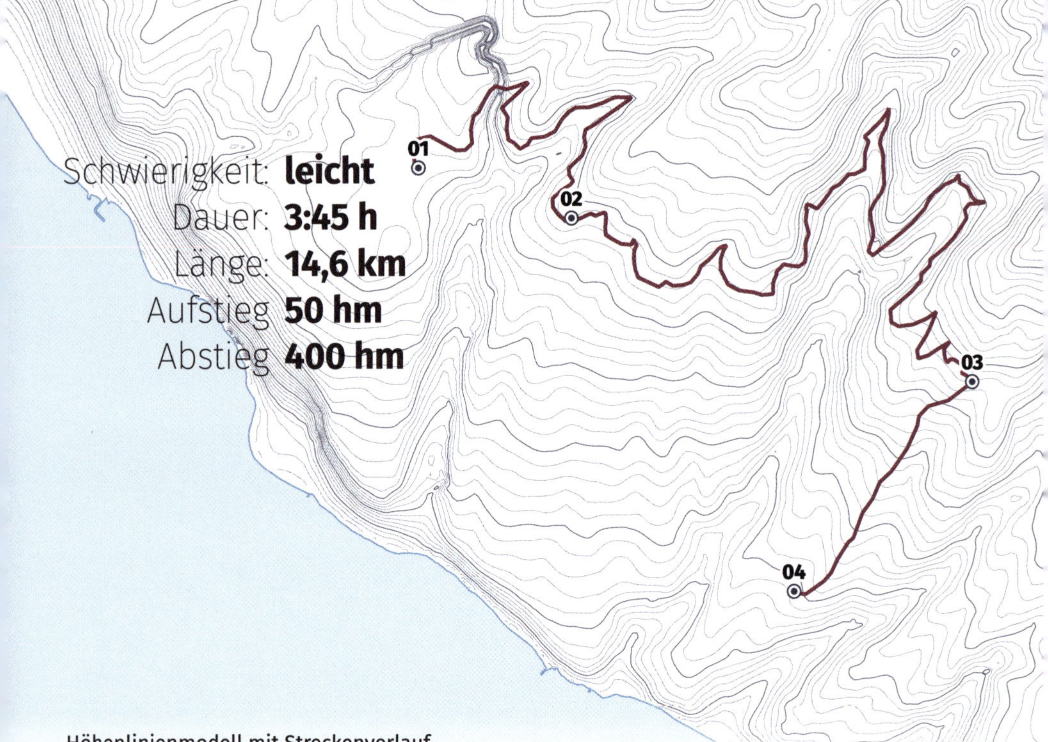

Schwierigkeit: **leicht**
Dauer: **3:45 h**
Länge: **14,6 km**
Aufstieg **50 hm**
Abstieg **400 hm**

Höhenlinienmodell mit Streckenverlauf

Höhenprofil

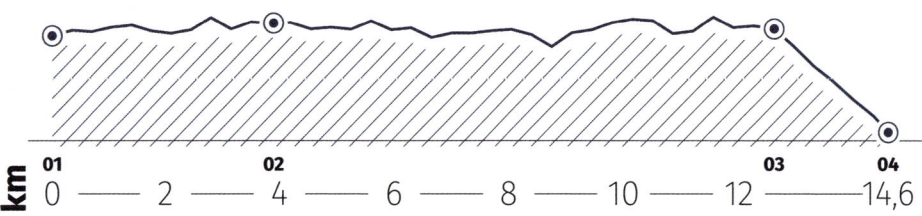

Prazeres liegt im wildreichen Südwesten Madeiras. Nicht nur die Pfarrkirche ist einen Besuch wert, auch der Garten Quinta Pedagogica lädt zu einem interssanten Spaziergang ein. Er präsentiert fremdländische Pflanzen und sogar einen Minizoo mit Lamas und vietnamesischen Hängebauchschweinen. Die Wanderwege der näheren Umgebung führen durch eine eindrucksvolle Landschaft. Auf unserer heutigen Levadawanderung folgen wir dem Kanal bis Calheta.

▶ Vom Ortszentrum in Prazeres **01** folgen wir der Dorfstraße gut 200 m nach Norden. An der Kreuzung biegen wir rechts zur ER 210 ein. Nach einem kurzen Anstieg gelangen wir zur Levada, die hier aus einer Unterführung mündet. Nach rechts bringt uns der Begleitweg gegen die Fließrichtung des Kanals, also Richtung Quelle. Der Weg ist recht bequem und schattig und wird von üppiger Vegetation gesäumt. Nach zwanzig Minuten erreichen wir den ersten Taleinschnitt. Er ist reich an Eukalyptus und Kastanien. An der zweiten Talung erwartet uns ein Kiefernforst, der Spuren eines früherern Waldbrandes zeigt. Wir überqueren eine Forststraße, dann gelangen wir an das erste Levadahaus **02**. Es diente den Levadaarbeitern als Unterkunft.

Nach eineinhalb Stunden Gehzeit kommt ein Taleinschnitt, in dem die Levada mit einer Brücke über den Bachgraben geführt werden muss. Nach einem Abschnitt mit Wiese läuft der Kanal weit ausladend in die Osthänge des Tales der Ribeira da Achada hinein. Es zieht sich immer so fort: Sobald wir den Schnittpunkt zwischen Talboden und Levada erreichen, geht es wieder dem Talausgang zu. Nach einem Hangrücken erreichen wir einen Einschnitt mit zwei Bachläufen, der durch Eukalyptus- und Kiefernwälder führt 📷.

Dreieinhalb Stunden später haben wir das zweite Levadahaus 03 erreicht. Hier ist unsere Wasserwanderung zu Ende und wir beginnen mit dem Abstieg nach Calheta. Eine steil abwärtsführende Straße kreuzt fünf Minuten nach dem Levadahaus den Kanal. Wir befinden uns an der ER 211. Sie verbin-det Calheta mit Rabaçal auf der Hochebene Serra do Paúl. Wir folgen der Straße nach rechts und wandern gut 2 km auf ihr abwärts. Schließlich erreichen wir die Kirche von Calheta 04 im Zentrum des Ortes. An der Lombo do Solto mit Bus- und Taxistand beenden wir unsere Wanderung.

Alto da Ponta do Pargo
998 977 Pico Alto
1008
Passada Vermelha
Chão dos Castanheiros
PR 14

E.R. 110
Fonte do Galhano
Lombo do Cedro

Pico da Cova Grande
996
Pico da Fonte do Bispo
1296
Lombo de S. Pedro

Marinheiras
Pico da Roseira
.1183
Melros
1264
Remal
1320
Cova do Negro

Lombos

da Fajã
Ovelha
876
Achada Grande
1193

Lombada dos Cedros
E.R. 101
Raposeira do Serrado
E.R. 210
Lombo do Coelho
Pico da Lamoirinha
1247

E.R. 110

E.R. 222
VE3
Maloeira
Lombo da Igreja
Lombo das Ulveiras
Patrimóni
Wieltna
Pico Gordo
1264

Prazeres
Lombo da Velha
Lombo da Ribeira Funda
Lombo Grande
01 Estacada
02 Cardosas
Atalinho
736
Lombo dos Castanheiros
Lombo do Salão
E.R. 211
Achadinha

Jardim Atlântico
Carreira
Lombo da Rocha
Picos
E.R. 222
600
03

Referta
Lombo dos Moinhos
Lombo do Lameiro
Lombo dos Castanheiros
Achadinha

VE7
Mar
Ponto do Jardim
Jardim do Mar
VE3
Lombo dos Reis
Capela dos Reis Magos
Estreito da Calheta
Lombo do Brasil
Faias
Florenças

E.R. 223
Jardim Pelado
Lombo da Igreja
Lombo das Laranjeiras
Lombo do Salão
04
E.R. 222
Lombo do Doutor
Lombo da Atouguia
Lombada do Loreto
Cales e Chada
Pared

E.R. 224
Ponta da Galé
Sociedade dos Engenhos da Calheta
Calheta Beach
Maçapez
Lombada do Loreto

Calheta
E.R. 101
Arco da Calheta
Ladeira e Lamaceiros
Amor

1:50 000

Capela de N. Sra. da Vida

27 Von der Steilküste zu einer reizvollen Küste

Die Hochebene über Prazeres wird als „Achada" bezeichnet. Die kühnen, senkrecht abfallenden Hänge weichen jedoch bald einer einsamen und wildreichen Gegend. Nicht umsonst wird der Küstenort hier als Jardim do Mar – Garten des Meeres – bezeichnet.

Bilder von: Thomas Kargl @maxlsbilderbuch

Prazeres – Jardim do Mar

Tourencharakter
Kurze, aber technisch schwierige Wanderung. Der Saumpfad ist gepflastert, aber steil, im unteren Teil sogar ausgesetzt. Achtung! Bei Flut und hohen Wellen ist die Engstelle an der Küste zwischen Paúl do Mar und Jardim do Mar nicht passierbar.

Start und Ziel
Prazers. Erreichbar mit dem PKW über die ER 101. Von Funchal aus fährt der Bus Nr. 107.

Schwierigkeit: **schwer**
Dauer: **2:30 h**
Länge: **5,7 km**
Aufstieg **0 hm**
Abstieg **630 hm**

Höhenlinienmodell mit Streckenverlauf

Höhenprofil

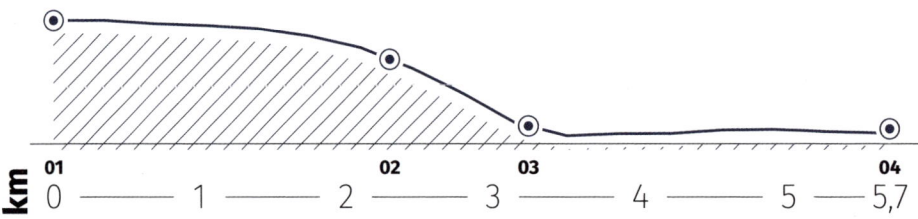

In steilen Abstiegen erkunden wir diese eindrucksvolle Küstenlandschaft.

▶ So wandern wir zunächst von Prazeres 01 nahe der Kirche über eine Dorfstraße zum mondänen Hotel Jardim Atlantico 02 hinab. Nur wenige Hundert Meter nach der Hotelanlage, nach einem Aussichtspunkt 📷, steigen wir bald steil die Schlucht der Ribeira da Cova hinab Richtung Paúl do Mar. Anfangs über Betontreppen, folgt bald ein alter gepflasterter Saumpfad steil abwärts. Unzählige kleine Serpentinen erleichtern uns ein wenig den Abstieg. Im unteren Abschnitt erwartet uns ein besonders steiles Stück. Hier benötigen wir Schwindelfreiheit und Trittsicherheit, auch wenn dieser Teil mit einem Drahtseil gesichert ist. Bald erreichen wir die Basis des tief eingeschnittenen Baches,

in den ein wenig oberhalb die Ribeira Seca do Paúl mündet. Wir passieren eine Steinbrücke und wandern am nördlichen Ufer das letzte Steilstück zur Küste hinunter.

Nach über einer Stunde erreichen wir den Hafenort Paúl do Mar 03, der heute über eine Küstenstraße von Norden her erschlossen ist. Der malerische Ort mit seinen bunten Booten lädt zum Verweilen ein. Doch dann brechen wir wieder auf und schicken uns an, nach Jardim do Mar weiterzugehen.

Die Wanderung an der Küste entlang über den Kieselstrand ist mühsam. Südöstlich des Fischerhafens gehen wir über eine Eisenbrücke zum Strand hinab. Es geht über den Bachlauf der Ribeira da Cova, die in Schleiern die Felsen herabstürzt. Der Spül-

saum bestimmt die Wanderrichtung, ein Weg ist in diesem wildreichen Gelände nicht ersichtlich. Manchmal ist der Strand nur wenige Meter breit. Hinter der Hangnase erwartet uns die weite Bucht mit der schmalsten Stelle des Strandes; bei Flut und hohem Wellengang ist sie unpassierbar. Danach erwartet uns eine weitere Engstelle mit großen, roten Tufffelsen. Hier müssen auch mal die Hände zu Hilfe genommen werden. Zu guter Letzt bewältigen wir noch zwei Schuttfächer von Bächen, die nach Regenfällen ebenfalls kleinere Wasserfälle ausbilden.

Schließlich erreichen wir Jardim do Mar **04**. Eine Betonrampe bringt uns zur mondänen Strandpromenade. Wir erreichen den alten Ortskern von der Promenade aus über die zweite Treppe. Bei der Kirche nahe des Hauptplatzes endet unsere Tour.

Um nach Prazeres zurückzugelangen können wir uns ein Taxi nehmen oder zu Fuß entlang der alten Verbindungsroute zwischen den Dörfern wandern, die über die Achada verläuft. Durch die Vereda do Igreja geht's über Joe's Bar zum alten Treppenweg. Nach vielen Stufen und kleinen Serpentinen mündet der luftige Pflasterweg nach circa 1,5 km auf der Hochebene in eine Straße. Nach einer halben Stunde erreichen wir das Hotel Jardim Atlantico. Von hier aus erfolgt der Rückweg über die bereits bekannte Route.

Lombadinha

Corujeira de Fora

Amparo

Alto da Ponta do Pargo

Passada Vermelha

Lombo dos Verdes

998 977 Pico Alto

1008

Casais da Serra

E.R.110

Pico da Cova Grande

996

Fonte do Galhano

Pico da Fonte do Bis

1296

Achado do Mestre

731

Pico da Roseira
1183

Melros
1264

Remal
1320

Cova

Achada do Mestre

Lombada dos Marinheiros

Marinheiras

Lombos

Poiso da Fajã
da Ovelha

876

Achada Grande
1193

E.R.101

S. João
S. Lourenço

Lombada
dos Cedros

E.R.210

Pesqueiro

Fajã da Ovelha

Maçapez

E.R.101

Raposeira do Serrado

Lombo da Raposeira

Lombo do Coelho

Raposeira do
Lugarinho

Ribeira das
Galinhas

Aparthotel
Paul do Mar

Serrado da Cruz

E.R.223

Lagoa

Raposeira

601

Maloeira

E.R.222

VE3

Lombo da Igreja

Lombo das Uveiras

Lombo da Velha

Quebrada

O

Jardim
Atlântico

Prazeres

01 Estacada

Lombo da Ribeira Funda

Paúl do Mar

02

Carreira

Lombo da Rocha

Picos

E.R.222

600

Cardosas
736

Atalinho

Lombo dos

03

Ponta Pequena

VE7

Referta

Lombo dos
Moinhos

Lombo do
Lameiro

Jardim Pelado

VE3

Lombo dos Reis

Jardim do Mar

Jardim do Mar

04

Ponta do Jardim

E.R.223

Capela dos
Reis Magos

Estreito
da Calheta

Lombo da Igreja

Lombo
Laranj

Ponta da Galé

E.R.224

Sociedade dos Engenhos
da Calheta

Calheta

1 : 50 000

193

28 Ein besonderes Schwimm-
erlebnis dank Vulkanismus

Für Urlauber hält der noble Hafenort angenehme
Meeresschwimmbäder bereit; diese natürlichen Pools
sind, umgeben von großen und kleinen Lavasteinen,
im Meer eingebettet. Sie werden von der Flut mit
kristallklarem Wasser gefüllt.

Bilder von: **Thomas Kargl @maxlsbilderbuch**

Porto Moniz

Tourencharakter
Kurze und nicht besonders schwierige Wanderung. Nur wenige, abschüssige
Wegstellen, die ein wenig Trittsicherheit abverlangen.

Start und Ziel
Santa Madalena. Mit dem Auto sowohl über die ER 101 als auch über die ER 105
erreichbar. Von Funchal fährt vormittags der Bus Nr. 80 über Santa Madalena
nach Porto Moniz. Der Bus retour fährt am Nachmittag.

Schwierigkeit: **leicht**
Dauer: **1:15 h**
Länge: **3,7 km**
Aufstieg **0 hm**
Abstieg **450 hm**

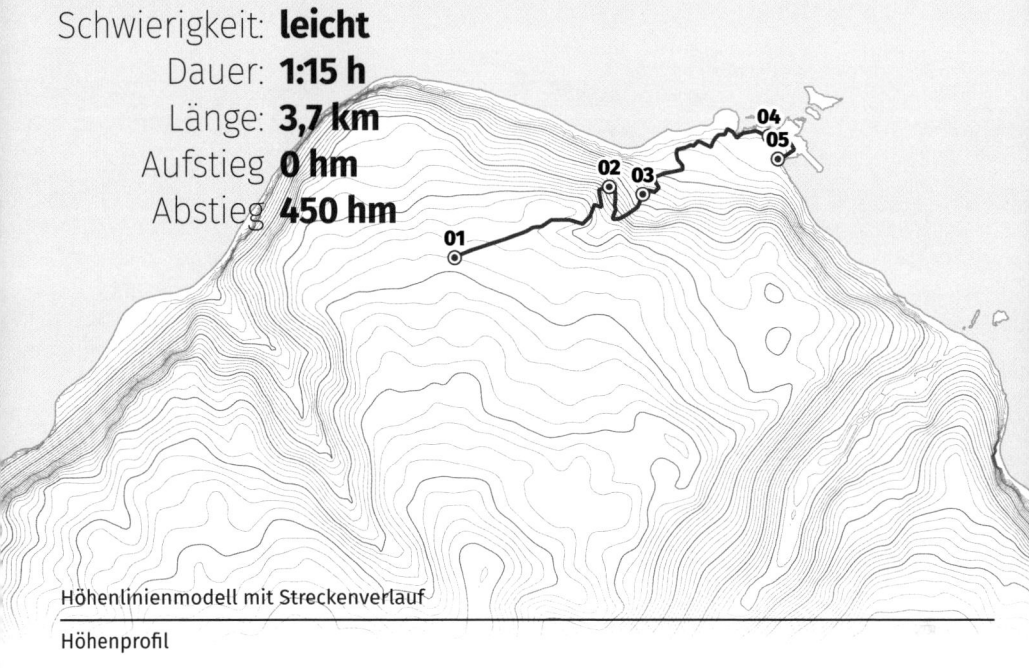

Höhenlinienmodell mit Streckenverlauf

Höhenprofil

Im äußersten Nordwesten Madeiras liegt Porto Moniz; der Hafenort ist nach dem Adligen Francisco Moniz benannt und darf bei keiner Madeira-Besichtigung fehlen. Sie erstreckt sich auf einer nach Norden ausgerichteten Landzunge und wird von der kleinen, vorgelagerten Insel Ilhéu Mole geschützt. So gilt er als der sicherste Hafen der Insel und gleichzeitig als einer ihrer schönsten Orte.

Ein Anziehungspunkt von Porto Moniz ist die Levada da Janela. Sie kommt aus dem Tal der Ribeira da Janela und mündet etwas oberhalb des Ortes in die Küstenhänge. In vergangener Zeit gab es viele Wege, die die Ortsteile Ribeira de Janela und Achadas da Cruz mit dem Hafen verbanden. Ein kurzer Abschnitt alter Wege blieb zwischen Santa Madalena und Porto Moniz erhalten. Nicht zu vergessen der Aussichtspunkt Miradouro da Santinha – er bietet einen atemberaubenden Blick auf die Hafenstadt.

▶ Lost geht's direkt an der Hauptstraße ER 101 in Santa Madalena **01**. Die ER 101 kommt aus Porto Moniz und führt Richtung Achadas da Cruz. 100 Meter nordöstlich der Kirche zweigt linker Hand ein Pfad ab, der „Caminho do Pico". Wir folgen ihm fünf Minuten in gleichbleibender Richtung bis an eine Kreuzung. Am Ende des Asphalts wandern wir auf nun betoniertem Sträßlein bis zu einem Aussichts-

punkt **02**. Er gewährt uns herrliche Blicke auf die Küstenlandschaft – ein Grund, warum diese kurze Tour so attraktiv ist. Aus tiefblauem Meer leuchtet der vorgelagerte Felsen hervor. In Pedra Mole **03** 📷 endet das Sträßchen und Stufen führen uns nun weiter nach rechts zum Beginn des alten Verbindungsweges. Ein kurzes Stück durchs schattige Tal hinab, dann tangieren wir die ER 101 in einer Haarnadelkurve. Wir gehen links weiter abwärts und kommen zu einem schmalen, steilen Schotterpfad.

Mittels einiger Stufen queren wir eine kleine Levada oberhalb der Schule von Porto Moniz. Die Levada bringt uns nach rechts, gut 150 Meter weiter erreichen wir eine Straße, die nun bereits im Zentrum von Porto Mo-

niz liegt. Sie leitet uns erst nach links, dann in einem Rechtsbogen Richtung Küste. Wir folgen einem nach links abgehenden Verbindungsweg unmittelbar an der Uferpromenade **04** und am Pool-Komplex erreichen wir die Küste. Am darauffolgenden Kreisverkehr **05** befindet sich eine Bushaltestelle für die Rückfahrt zum Ausganspunkt oder Richtung Funchal. Doch bevor wir den Rückweg antreten haben wir uns eine ausgiebige Rast an diesem schönen Ort verdient. Dafür empfängt uns unmittelbar oberhalb der Seewasserpools das Restaurant Orca. Es gehört zu den ersten Adressen des Hafenortes. Hier gibt es herrliche Fischgerichte wie Seebarsch, Schwertfisch, Seebrasse oder Lachs. Aber auch Fleischmenüs vom Lamm, Huhn oder Rind stehen auf der Karte.

Baixa do Monís

Ponta do Tristão

Penedia

Ilhéu Mole

Porto e Cais

Fajã Nunes

Moniz Sol

Porto Moniz

Pedra Mole

02 03

Piscinas naturais do Porto Moniz
(Meeresschwimmbecken)

Fazenda

Ladeira

Salão

Santa Madalena

01

E.R.101

VE7

Santa

Levada Grande

Pico do Caldeirão

412

Ilhéus da Ribeira da Janela

Pombais

Ribeirinho

Pico Alto

Lamaceiras

Pico das Covas

Cabana do Pico

Junqueira

Achada Grande

P

E.R.101-7

Straße gesperrt

Alagoa

613

Ribeira da Janela

Casais de Baixo

Eira da Achada

chada da Arruda

Casais de Cima

as
iz

E.R.110

Roseira

811

Castro

E.R.101

Pinheiro

Achada da Fonte Vermelha

Levada da
Janela

José Lopes

E.R.209

VE

Grande

Achada do Pinheiro

Lombo da Azeveda

Gamelas

Terça

935

Chão do Covão

PR7

Levada
da Janela

Terça

P

PR15

Fonte da Pedra

1022

Curral Falso

Castanhe

1:30 000

29 Feldterrassen unter der Steilküste

Der Panoramablick wechselt in der Seilbahn zwischen dem Grün der Berge und dem Blau des Meeres. Sie dient zugleich als Transportmittel, mit dem die Bauern die Ernte aus den unten gelegenen Terrassenfeldern nach oben bringen.

Bilder von: Thomas Kargl @maxlsbilderbuch

Achadas da Cruz

Tourencharakter
Steiler, an wenigen Stellen auch ausgesetzter erdiger Pfad. Ein gewisses Maß an Trittsicherheit und Geschicklichkeit ist erforderlich.

Start und Ziel
Achadas da Cruz zwischen Porto Moniz und Ponta do Pargo. Anfahrt über die ER 101.

Schwierigkeit: **leicht**
Dauer: **1:25 h**
Länge: **1,8 km**
Aufstieg **0 hm**
Abstieg **400 hm**

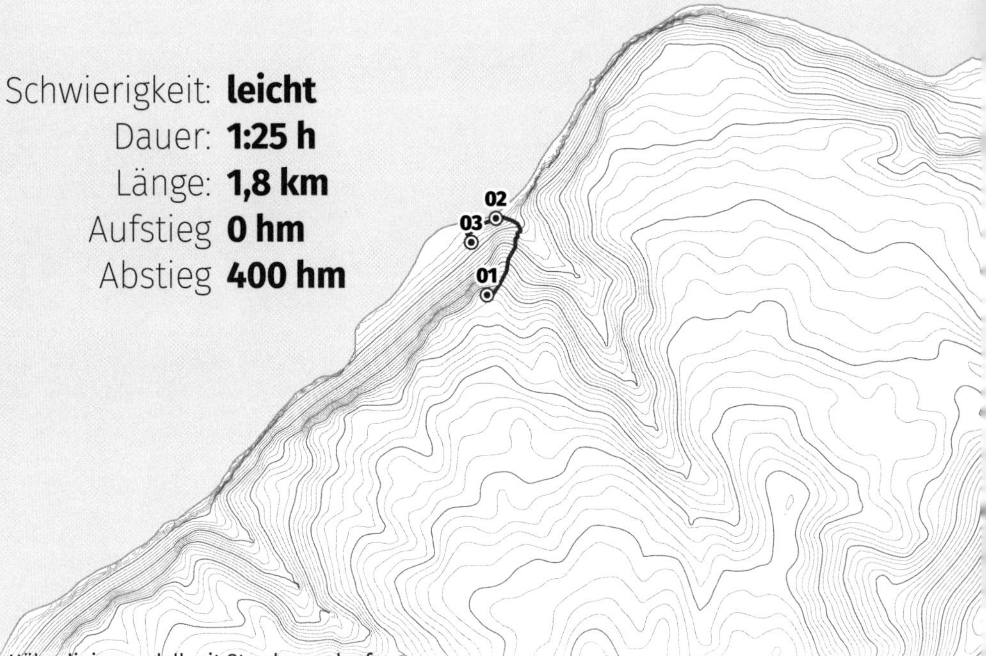

Höhenlinienmodell mit Streckenverlauf

Höhenprofil

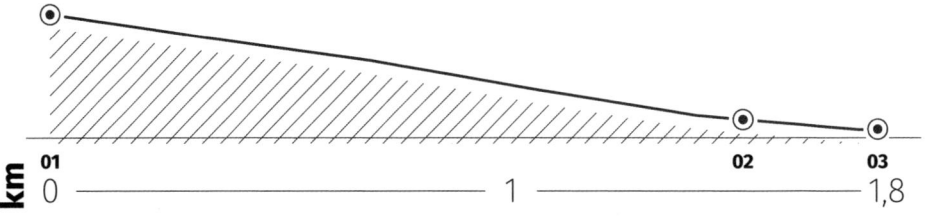

Nahe Porto Moniz liegt das unscheinbare Örtchen Achadas da Cruz, in dem es auf den ersten Blick nicht viel zu sehen gibt. Wäre da nicht die Seilbahn, die wagemutig fast senkrecht von der abbrechenden Steilküste 451 Meter wie im freien Fall zum Meer hinabführt. Auf einem typischen Schwemmkegel – Fajã genannt – liegt ihre Talstation. Sie wird von den Bauern von Achadas zum Transport von Obst und Gemüse genutzt. Aus diesem Grund baute man dieses technische Aufstiegsmittel, um nicht immer die 450 bzw. 600 Höhenmeter bis zum Ort überwinden zu müssen. Trotzdem gibt es den alten Wanderweg noch immer, der besonders gern von weniger Wagemutigen genutzt wird, um so die schwindelerregende Talfahrt zu vermeiden.

▶ Hinweisschilder machen an der Bergstation **01** 📷 mit der kleinen Bar auf den Wanderweg aufmerksam. Der Steig leitet in unzähligen Serpentinen durch einen Taleinschnitt abwärts. Einige wenige Stellen sind dabei etwas ausgesetzt, aber durch Drahtseile gesichert. Im oberen Teil machen Beton und Holzgeländer den Weg sicherer; der Hauptt-

teil des Weges führt über erdigen Boden. Da das Gelände sehr steil ist, verlieren wir rasch an Höhe und hören immer deutlicher das tosende Meer unter uns. Gegen Ende biegt der Pfad in die Talung der Ribeira de Tristão ein, die einer Schlucht hier sehr ähnlich ist.

Hier sind einige ausgesetzte Wegabschnitte, doch die Drahtseilsicherungen helfen, sie gut zu überwinden. Über steile Treppen erreichen wir nahe der Flussmündung zum Meer den Kieselstrand **02**, der sich vor der Steilküste als fächerförmiger Schuttkegel aufgehäuft hat – Fajã Quebrada Nova, so wird er im einheimischen Sprachgebrauch genannt. Nach links wandern wir über einen Pfad durch die Obst- und Blumenkulturen Richtung Südwesten. Eine Viertelstunde später stehen wir an der Talstation der Seilbahn **03**. Es gibt zwei Gondeln, von denen eine immer zur Abfahrt bereitsteht. Personal gibt es nicht. Wir setzten uns einfach in die offene Kabine, drücken den Signalknopf und warten, bis die Fahrt beginnt. Innerhalb weniger Minuten schweben wir ohne einen Stützpfeiler zwischendurch hinauf zur Klippe und zurück zu unserem Ausgangspunkt an der Bergstation **01**.

Baixa do Moniz

Penedia

Ponta do Tristão

Moniz Sol

Fajã Nunes

Pedra Mole

Fazenda

Salão

Santa Madalena

E.R. 101

Santa

Levada Grande

Pombais

Ribeirinho

02

Pico Alto

03

Pico das Covas

Junqueira

09

Achada Grande

Cabana do Pico

01

PR7

Alagoa

613

Faja do Quebrada

PR7

E.R. 110

Achada da Arruda

Roseira

811

Achadas
da Cruz

Pinheiro

E.R. 101

Achada da Fonte Vermelha

Achada do Castro

PR7

N. Sra. da
Boa Morte

Achada do Pinheiro

Lombo da Azeveda

Lombo da Terça

Terça

Cabo

935

Lombo do Cabito

Chão do Covão

Levada
da Janela

Madeira Sunset
Cottage

Fonte da Pedra

1022

Cabeço do Aposento

PR7

Ribeira da Vaca

Levada Nova

PR15

205

Velha

Serrado

E.R. 101

Pedregal

Cabeço das Covas

1054

30 Ein Ort für die Einheimischen

Der kleine Ort Ponta do Pargo oberhalb des Leucht-
turms bietet noch kaum touristische Infrastruktur und
hat sich ein sehr ursprüngliches Ambiente bewahrt.

Bilder von: **Thomas Kargl @maxlsbilderbuch**

Ponta do Pargo

Tourencharakter
Klassische, lange Levadarunde auf einfachen Wegen. Asphaltierte Dorfstraßen udn Feldwege. Orientierungssinn ist hilfreich, die Route ist unmarkiert.

Start und Ziel
Ponta do Pargo. An der Kirche im Ortszentrum.

Schwierigkeit: **mittel**
Dauer: **5:00 h**
Länge: **14,4 km**
Aufstieg **500 hm**
Abstieg **500 hm**

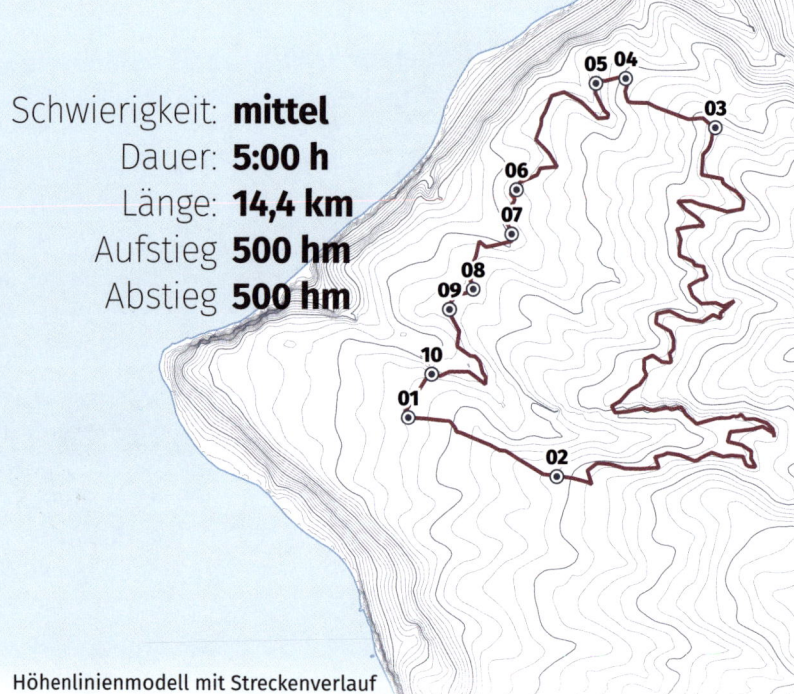

Höhenlinienmodell mit Streckenverlauf

Höhenprofil

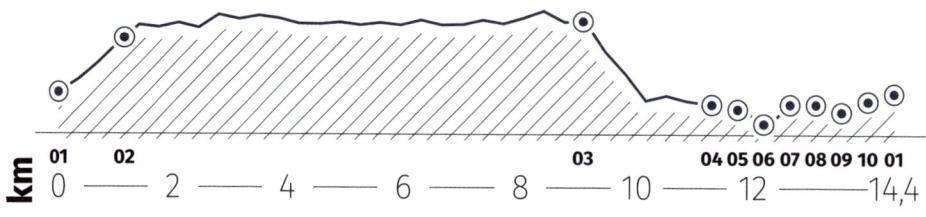

Im äußersten Westen Madeiras liegt eine stille, abgeschiedene Ortschaft: Ponta do Pargo. Schon allein für den grandiosen Ausblick auf die Nordküste ist der Ort einen Besuch wert. Sie bricht senkrecht zum Meer hin ab. 375 m über dem Meer thront der Leuchtturm. Er lässt den Blick weit über den Atlantik schweifen.

▶ In Ponta do Pargo **01** starten wir an der Pfarrkirche am Hauptplatz Largo Conega Homem de Gouveia. Die Straße überquert nach Norden zu bald die ER 101. Weiter geht es dann auf der Rua Salao de Cima. Nach der roten Mauer stoßen wir auf eine breite Straße. Oberhalb des markanten gelben Tores geht linker Hand ein Feldweg ab. Durch Kiefern-

wald bringt er uns stetig hinauf parallel zur Straße. An der Levada Nova **02** schwenken wir nach links ein. Der sanierte Kanal zieht sich nun gute 6,5 km durch Bachgräben und Eukalyptus- und Kiefernwälder.

Gleich nach dem Einstieg passieren wir ein restauriertes Wasserhaus. Dann queren wir durch einen tiefen Taleinschnitt dreimal einen Bach. Im weiteren Verlauf queren wir mehrere Erdpisten. Ab und an gibt es ein Schild, wenn die Levada hinter einem Erdwall verschwindet.

In der zweiten Hälfte wandern wir durch jüngere Waldbrandgebiete. Nach eineinhalb Stunden kommen wir zur ER 101. Wir que-

ren sie und folgen ihr noch ein paar Hundet Meter unterhalb. Dann endet der Kanal unvermutet vor einer asphaltierten Straße. Gegenüber erblicken wir ein rechteckiges Sammelbecken. Hier befindet sich das Ende der Levadastrecke **03**. Die Dorfstraße Rua da Capela bringt uns steil hinab, vorbei an Kuhställen und Häusern von Cabo **04**. Hinter einer S-Kurve liegt die Kapelle von Cabo, Nostra Senora da Boa Morte **05**. Ein Wiesenpfad führt von der Kirche hinunter zu einer einfachen Aussichtskanzel. Ein freier Tiefblick raubt uns hier schier den Atem.

Links des Parkplates zweigt ein Erdweg ab, der das Wiesental östlich der Kirche durchquert. Nach einem bewaldeten Hangrücken erreichen wir den flachen Einschnitt zum Weiler Lombada Vehla **06** und der Rua da

Cruz. An der folgenden Kreuzung halten wir uns links auf die Dorfstraße. Sie leitet uns in den Taleinschnitt des Ribeira dos Moinhos **07** hinab. Noch einmal steigen wir zum Hangrücken von Serrado **08** hinauf. Dann biegen wir an einer Gabelung in der Spitzkehre links ab. Nach einem nächsten Taleinschnitt erreichen wir den Weiler Pedregal **09**. Hier führt der alte Verbindungsweg weiter geradeaus. Im Ortskern halten wir uns geradeaus in das Bachtal der Ribeira dos Moinhos **10** und gehen über eine Betonbrücke hinüber.

Ein letzter Gegenanstieg führt uns über Wiesen an den westlichen Ortsrand von Ponta do Pargo. Die breite Dorfstraße bringt uns geradeaus in wenigen Minuten ins Zentrum von Ponta do Pargo **01** zurück.

Ponta do Tristão

Salã

Pombais

Achada Grande

Achada da Arruda

**Achadas
da Cruz**

Achada do Castro

Pinheiro

Achada do Pinhe

Lombo da Azev

Terça

935

Chão do Covão

N. Sra. da
Boa Morte

05 04 Cabo

Lombo do Cabito

03

Lombo da Terça

06 Madeira Sunset
Cottage

Cabeço do Aposento

07

Ribeira da Vaca

Serrado

Levada Nova

PR7

Lombada Velha

08

E.R. 101

Baixa da Rib. dos Moinhos

09

Passo da Guerra

Pedregal
Cottage Dragoeiro

Cabeço das Covas

Pico da

392

Passo dos
Cabazes

Pico das Favas

10

Levada Nova

Salão de Baixo

01

Salão de Cima

Lombo do Meio

Ponta do Pargo

Fajã Grande

Miradouro
do Fio

02

Baixas de S. Pedro

Fajã Pequena

Lombadinha

Corujeira de Fora

Alto da Ponta do Pargo

Passada V

1008

Amparo

Lombo dos Verdes

998 977 Pico Alto

Porto do Pesqueiro

Câmbios

Casais da Serra

Pico da Cova Grande

1000

996

Pico d

Lombo

Achada do Mestre

Achado do Mestre

731

Marinheiras

Lombos

Lombada dos Marinheiros

Poiso da Fajã
da Ovelha

876

211

E.R. 101

1 : 50 000

Wanderlexikon

Alles eine Frage des Verständnisses: Eine kurze Erklärung der wichtigsten Grundbegriffe rund ums Wandern und Bergsteigen.

Schwierigkeit: Die Einteilung erfolgt nach der Länge, der zu leistenden Höhenmeter und den technischen Ansprüchen der Tour.

Leicht: Einfache Wanderungen ohne besondere Anforderungen und nötige Vorkenntnisse.

Mittel: Wanderungen mit zum Teil steilen Anstiegen oder kurzen ausgesetzten Stellen. Schlüsselstellen und Schwierigkeiten werden im Tourencharakter beschrieben. Eine grundlegende Ausdauer und Wandererfahrung wird vorausgesetzt.

Schwer: Lange und/oder anspruchsvolle Wanderungen oder Bergtouren. Die Tour kann über steile und ausgesetzte Pfade führen. Gute Kondition, Trittsicherheit und Schwindelfreiheit sind je nach Charakter der Tour erforderlich.

Leichte Kletterei: Schwindelfreiheit und feste Bergschuhe sind erforderlich. Diese Passagen sind nur unter Zuhilfenahme der Hände zu bewerkstelligen.

Seilversichert: Schlüsselstellen sind mit (zumeist) verankerten Stahlseilen gesichert.

Markierter Wanderweg: Ausgeschilderter und zumeist nummerierter Wanderweg. Die Wegenummern werden in der Tourenbeschreibung und in der Karte aufgegriffen.

Variante: Vorschlag die Tour zu erweitern oder ein alternativer Routenverlauf.

Weiter wandern

Auf den Geschmack gekommen? Die umliegende Region bietet ein wahres Füllhorn attraktiver Spaziergänge, Wanderungen und Touren. Hier findest du nützliche Infos und Adressen.

KOMPASS-Wanderkarten

Wanderkarte 234 Madeira, 4in1 Wanderkarte 1:50.000

KOMPASS-Wanderführer

Wanderführer 5915 **Madeira**
Endlich Sonne Madeira

Touristische Informationen

Posto de Informação Turística
Av. Arriaga 16
9004-519 Funchal
Tel: +351 291 145 305

visitmadeira.pt
Offizielle Seite der Tourismusinformation Madeira

visitportugal.com/de/destinos/madeira
Offizielle Tourismuswebseite für Portugal

portugal-reiseinfo.de
Infos und Insider-Tipps für eine Reise nach Madeira.

madeira-web.com
Deutschsprachiger Reiseführer für Sehenswürdigkeiten, Strände und Sportangebote.

Deine Orientierung

Für das Navigationsgerät deiner Wahl haben wir alle Touren als GPX-Track zum Download.

Du planst und navigierst lieber digital? Dafür haben wir alle Touren auf unserer Webseite für dich

www.kompass.de/gpx

Damit kommst du direkt zum Download-Bereich. Einfach das richtige Produkt auswählen, herunterladen und auf das Zielgerät oder in die gewünschte App importieren.

GPX ist ein Datenformat für Geodaten. Mit einem GPX-Track bekommst du die rote Linie, also den Pfad, als geografische Koordinaten.

Impressum

© KOMPASS-Karten GmbH, Karl-Kapferer-Straße 5, A-6020 Innsbruck

1. Auflage 2023 (23.01)   Verlagsnummer 1337

ISBN 978-3-99121-857-9

Konzept und Bildnachweis

Konzept und Gestaltung: Thomas Kargl
Projektleitung: Julia Flory
Text und Fotos (soweit nicht anders angegeben): KOMPASS-Karten
Titelbild: Weitblick bei Boca do Risco von Thomas Kargl
Grafische Herstellung: KOMPASS-Karten
Bildnachweis aufgelistet mit der Seitenzahl nach Fotografen:
Fabian Künzel (†): 19, 20;
Lisa Aigner: 17

Alle weiteren Bilder in diesem Band inklusive das Rückseiten-Cover stammen von Thomas Kargl.

Alle Angaben und Routenbeschreibungen wurden nach bestem Wissen gemäß unserer derzeitigen Informationslage gemacht. Die Wanderungen wurden sehr sorgfältig ausgewählt und beschrieben, Schwierigkeiten werden im Text kurz angegeben. Es können jedoch Änderungen an Wegen und im aktuellen Naturzustand eintreten. Wanderer und alle Kartenbenützer müssen darauf achten, dass aufgrund ständiger Veränderungen die Wegzustände bezüglich Begehbarkeit sich nicht mit den Angaben in der Karte decken müssen. Bei der großen Fülle des bearbeiteten Materials sind daher vereinzelte Fehler und Unstimmigkeiten nicht vermeidbar. Die Verwendung dieses Führers erfolgt ausschließlich auf eigenes Risiko und auf eigene Gefahr, somit eigenverantwortlich. Eine Haftung für etwaige Unfälle oder Schäden jeder Art wird daher nicht übernommen. Für Berichtigungen und Verbesserungsvorschläge ist die Redaktion stets dankbar.

Erzähl uns von deinen Abenteuern auf Instagram und Facebook mit:

#folgedeinemKOMPASS

Danke, ...

dass du ein Produkt kaufst, das verantwortungsvoll
und nachhaltig produziert wurde.